Dein Leben ist leicht, wenn du es willst
Den Selbstwert stärken

Thomas Bergner

Dein Leben ist leicht, wenn du es willst
Den Selbstwert stärken

Ellert & Richter Verlag

Inhalt

Beginn der Reise

Das leichte Leben: Optimismus und Glück
13 Auf sich selbst hören
19 Der wichtigste Mensch im Leben
24 Optimismus geht anders
27 Das Prinzip Glück
30 Wer begreift, kann loslassen

Das innere Reich: Ein Blick hinter die eigenen Kulissen
35 Das Unbewusste in uns
38 Gut oder schlecht?
45 Von Gefühlen befreien oder befreit sein?
50 Alternativen gibt es immer
54 Sich entscheiden und frei sein

Der Ursprung: Die eigene Kindheit ehrlich begreifen
59 Der Fingerabdruck der Vergangenheit
63 Glücklich oder schlimm?
68 Vom Drama zur Stärke
73 Mutterliebe
75 Der notwendige Verrat

Die Kraft: Eigene Muster erkennen und bewältigen
79 Wie wir uns selbst antreiben

Inhalt

Die Aufforderung zur Änderung:
Wie uns das Leben zeigt, wenn wir etwas ändern sollten
85 Wer die Steine in den Lebensweg wirft
88 Ohne Scheitern geht es nicht
92 Krisen annehmen

Hummeln können eben doch fliegen:
Der wirkungsvolle Umgang mit den wichtigsten Hindernissen
98   Sich auf die Welt beziehen
104 Das Nein akzeptieren
108 Die Brille
112 Gondeln in uns
115 Die Überwindung der Angst
120 Positive Gedanken
124 Die Flucht vor sich selbst
129 Ich bereue nichts
134 Es ist, wie es ist
137 Kontrolle und Zufall
140 Prinzessinnen und Ritter
144 Eifersucht & Co. sind zähe Klebstoffe
147 Die Schwere der Schuld
152 Scham-haft
155 Der Zinseszins des Glücks

Bis hierher und nicht weiter: Grenzen, Hilfsbereitschaft und unsere Freiheit
161 Hilfe in Wertschätzung wandeln
167 Echte Grenzfragen

Leichtigkeit führt zum Glück: Im Guten wirkende Grundsätze
171 Herzensgüte
174 Eine Chance zur Heilung
177 Lieber offen als ganz dicht
180 Vergebung
183 Wahrhaftigkeit
186 Unser Leben verlangt nach Originalen
191 Die Stimme des Herzens
196 Der wahre Wohlfühlort
201 Konzert oder Kino?
205 Sinn bilden
208 Vom Du zum Ich zum Du
212 Fortsetzung der Reise
215 Zum Abschluss

216 Literatur/Anmerkungen

Beginn der Reise

Die meisten von uns fühlen sich in ihrem Leben mit immer neuen Herausforderungen konfrontiert und empfinden ihr Dasein als schwierig. In vielen Bereichen – wie Beruf und Familie – sind eine gewisse Unsicherheit und Instabilität zur Normalität geworden. Deshalb ist Ehrlichkeit mit sich selbst und den Menschen, die uns berühren, notwendig. Wir brauchen andere, neue Denkweisen und Fähigkeiten, um das Gefühl zu haben, ein selbstbestimmtes Leben zu führen. Dazu gehört ein Umdenken, denn nichts wird anders, wenn wir selbst nichts ändern.

Als Einstieg möchte ich Sie einladen, ein wenig in Erinnerungen an Ihre letzten Reisen zu schwelgen. Denn unser Leben gleicht einer Reise. Wir beschreiten Wege, machen Erfahrungen, erleben Erfreuliches und weniger Gutes. Und wir lernen daraus. Wenn Sie mögen, beantworten Sie sich die folgenden Fragen:

- *Wann gingen Sie auf Ihre erste eigene Reise? Wohin führte sie?*
- *An welche Stationen und Situationen erinnern Sie sich heute noch?*
- *Welche der Reisen in Ihrem Leben war bisher die schönste? Und weshalb?*
- *Gab es Reisen, bei denen es Ihnen schwerfiel, wieder nach Hause zurückzukehren?*
- *Gab es auch eine Reise, die Sie besser nicht gemacht hätten? Was geschah auf dieser Reise?*

Wir alle hoffen, dass wir am Ende unserer Reise auf ein erfülltes Leben zurückblicken können. An viele Situationen werden wir uns nicht erinnern können, andere wollen wir gern vergessen. Mal ist unsere Reise leichter und mal schwerer. Aber wir selbst haben auch die Chance, unser Leben leichter zu gestalten.

Und noch etwas wird durch den Vergleich mit Ihren Reiseerfahrungen sichtbar: Jeder Mensch empfindet andere Reisen als unvergesslich schön oder fürchterlich schrecklich. Daraus lernen wir schon jetzt:

Leichtigkeit im Leben ist immer eine individuelle Sache.

Was Sie als leicht empfinden, bezeichnet Ihr Nachbar vielleicht als schwer und umgekehrt. Vermeiden Sie deshalb direkte Schlüsse auf Ihr Leben allein aufgrund der Meinungen und Erfahrungen von anderen.

Dieses Buch basiert auf meinen über 20 Jahren Erfahrung in der Beratung von Menschen, denen es eine Zeit lang nicht gut ging. Im Laufe dieser Arbeit verstand ich: Menschen brauchen keine allgemein formulierten Tipps, wie sie glücklicher werden. Sie brauchen konkrete Hinweise, die ihnen helfen zu entdecken, welche ganz persönlichen Hindernisse in ihnen wirken und ihr Leben erschweren. Es geht vorrangig darum, diese individuellen Stolpersteine zu erkennen. Denn erst dann können Sie sie los- und hinter sich lassen und Ihre Chancen im Leben wirklich nutzen. Häufig bestehen diese Hindernisse aus den Erwartungen der anderen, aber auch aus Ihren Erwartungen an Sie selbst. Der Druck, den wir uns selbst machen, ist meistens höher als aller Druck von außen zusammengenommen.

Es gibt Menschen, die erst eine schwere Erkrankung oder eine schlimme Erfahrung als eine Form von Weckruf verstehen. Sie sagen dann, dass erst diese Krise sie dazu gebracht habe, ihre Prioritäten neu zu ordnen.

Dieses Buch soll Ihnen Anlass und Mittel sein, auch ohne bösen Weckruf zu erkennen, was Ihnen wirklich wichtig ist. Es geht um Sie. Es geht darum, bei sich zu bleiben, sich nicht mehr ablenken zu lassen von anderen und anderem. Es geht darum, die eigene Reiseroute zu bestimmen.

Noch eine Anmerkung zur Ansprache in diesem Buch: Ich mag es nicht besonders, wenn ich ungefragt geduzt werde. Vielleicht geht es Ihnen genauso. Ich habe deshalb lange mit mir gerungen, ob ich die Leser und Leserinnen hier wirklich anders ansprechen sollte als in meinen bisherigen Büchern. Ich bin zum Ergebnis gekommen: Ja, auch ich sollte etwas ändern! Das bedeutet, dass ich Sie, liebe Leserin, lieber Leser, nicht wie bisher mit „Sie" anrede. Da es hier sehr intensiv um uns selbst geht und wir uns selbst in der Regel duzen, nutze ich ab jetzt das „Du". Ich möchte damit in keiner Weise Ihre Grenzen überschreiten. Vielmehr spiegelt das „Du" auch wider, wie das Buch entstand, nämlich als Ergebnis eines langen und intensiven inneren Dialogs, der mich lehrte:

Du kannst entscheiden, wie glücklich, sinnvoll und dir nahe du lebst. Niemand kann dich dabei unterstützen, wenn du es nicht willst. Aber ebenso kann dich niemand daran hindern, wenn du ein glückliches Leben führen willst. Beginne die Reise zur Leichtigkeit in deinem Leben jetzt!

Das leichte Leben: Optimismus und Glück

Auf sich selbst hören

„Das Leben ist leicht!" Von wegen, wirst du vielleicht denken. Ich jedenfalls wurde zusehends ärgerlicher, als ich vor sehr langer Zeit einen Vortrag hörte, bei dem der Redner nicht müde wurde, diesen Satz stetig zu wiederholen: „Das Leben ist leicht. Das Leben ist leicht." Mit jeder Wiederholung wuchs mein Widerstand. Damals fühlte ich mich am Boden, eine Beziehung war gescheitert, ich wusste beruflich nicht weiter und auch finanziell ging es mir nicht rosig. Wahrscheinlich kennst du ähnliche Zeiten in deinem Leben oder steckst sogar gerade mittendrin.
„Von wegen, leicht! Dass ich nicht lache! Das Leben ist schwer, verdammt schwer!", hätte ich am liebsten in den Raum mit Hunderten Zuhörern gerufen, aber ich war zu feige. Und noch lieber hätte ich hinzugefügt: „Sie Idiot! Sie haben doch offensichtlich keine Ahnung vom Leben!" Dennoch ging mir dieser Satz seitdem nie mehr aus dem Sinn. Nach langen Jahren der Unklarheit und des Findens steht er in abgewandelter und ergänzter Form für mein spätes Eingeständnis: Der Redner hatte grundsätzlich recht, was ich damals nicht verstehen mochte.
Wenn dir dein eigenes Leben zu viel wird und du immer wieder Probleme mit dir selbst und anderen hast, kann dir das „leichte Leben", das du in diesem Buch kennenlernen wirst, helfen.

- *Es wird dich in die Lage versetzen, Tiefs schneller zu überwinden.*
- *Es wird dir ermöglichen, dein Leben mit Optimismus zu gestalten.*
- *Es kann dir eine neue Sicht auf dich selbst und auf dein Leben vermitteln.*
- *Es wird dazu beitragen, viel eher das Glück in deinem eigenen Leben zu erkennen.*

Gewiss, das sind hohe Ansprüche. Doch gehe mit Zuversicht an dieses Buch heran, es wird sich für dich lohnen.

Damals, als ich den Redner hörte, war ich über lange Zeit wirklich sehr verzweifelt. Deshalb nahm ich an einem Kurs teil, bei dem eine absolute Schweigeregel galt. In mir brodelte es von Tag zu Tag mehr, zugleich ergriff mich immer tiefere Traurigkeit. Ich hielt die Situation kaum aus und zog mich am Ende eines Kurstags in den Gemeinschaftsschlafraum zurück. Ich legte mich auf mein Bett und blickte erstmals bewusst nach oben, wo der Lattenrost des oberen Hochbettes offensichtlich auf einen Blick gewartet hatte. Ein früherer Teilnehmer des Kurses hatte dort mit Kugelschreiber eine Botschaft an alle Nachfolgenden hinterlassen: „Halte durch. Es lohnt sich!"
Dieser Satz gab mir großen Trost und das Gefühl, nicht allein zu sein. In mir meldete sich meine Zuversicht. Bis zu diesem Moment herrschte draußen schon über Tage starker Nebel. Ich entschied mich dennoch, in der Dämmerung frische Luft zu schnappen. Genau dann, völlig überraschend, verschwand der Nebel und ich sah eines der traumhaftesten Panoramen, das ich je erleben durfte: herrliche, üppige, grüne Wälder und Bergwiesen, die von hoch oben sanft ins Tal leiteten und an einem wunderschönen, friedlich daliegenden Bergsee endeten. Mein Herz ging auf und zugleich ahnte ich erstmals:

Dein Leben ist leicht, wenn du es willst.

Bis zu diesem Zeitpunkt hatte ich gedacht, dass ich erst die Antworten auf meine vielen Fragen finden müsse, bevor mein Leben leicht und schön werden könne. Schon als Sechsjähriger wollte ich alles wissen. Von den Eltern wurde ich in die Obhut der Kirche gegeben und musste sonntags um 9 Uhr den Gottesdienst besuchen – dabei war ich schon damals lieber abends als morgens wach. Ich saß in der sehr schönen, immer zu kalten Kirche und fragte mich, warum mich meine Eltern niemals begleiteten, warum der Pfarrer eine eigene Heißluftheizung nutzte, während alle anderen frieren mussten, und wunderte mich noch mehr,

warum Gott ein alter Herr mit einem Rauschebart sein sollte. Und wofür gab es Engel, die, sämtlich männlich, aber mit sehr femininen, weißen Flügeln aus Vogelfedern durch die Lüfte flogen? Immerhin interessierte ich mich sehr für Tiere und hatte schon oft den Himmel beobachtet, aber ein Engel war mir noch nie begegnet. Zudem: Woher hatten die ihre weißen Federn? Wie viele Albatrosse mussten für Engelsflügel nicht nur ihre Federn, sondern auch ihr Leben lassen?
Damals zweifelte ich oft daran, ob ich überhaupt all diese Fragen stellen durfte. Meine Eltern sagten mir immer wieder, ich solle mir nicht so viele Gedanken machen. Aber das gelang mir einfach nicht. Heute weiß ich:

Wenn du Fragen hast, zweifle nicht an dir. Du hast recht mit deinem Zweifel an der Welt und mit deinen Fragen. Die Welt braucht Menschen, die fragen und zweifeln.

Meine Fragen und meine Unsicherheit ließen mich nicht los. Viel später wollte ich es als junger Erwachsener mit Meditation versuchen. Vielleicht würde das meinen fragenden Geist beruhigen. Das klappte jedoch nicht. Ich absolvierte einen einwöchigen Meditationskurs bei einem Zen-Meister. Doch bis zum Schluss blieben die Gedanken in meinem Hirn aktiv. Sie quetschten sich geradezu in den Rhythmus des Ein- und Ausatmens, auf das wir uns konzentrieren sollten. Auch das stundenlange Rumhocken auf dem Boden verschaffte mir keine wirkliche Freude, nur ein eingeschlafenes Hinterteil. Aus diesem Erlebnis nahm ich eine weitere wichtige Erkenntnis mit:

Keine Methode, die bei anderen funktioniert, muss deshalb gut für dich sein.

Danach suchte ich ein „Medium" auf. Diese Frau sagte von sich, dass sie Botschaften aus dem Universum aufnehmen und weitergeben könne. Sie sagte mir, dass ich von dem „Hundsstern" Sirius stammen würde. Nach dem Termin hatte ich mehr Fragen als Antworten und musste an Goethes Faust denken: „Da steh' ich nun, ich armer Tor, und bin so klug als wie zuvor." Spätestens da schwante mir, dass ich mir selbst mehr und anderen weniger vertrauen sollte, was meinen eigenen Lebensweg angeht. Ich lernte:

Wenn du etwas wissen willst, musst du dich persönlich darum kümmern. Erkenntnis über dich selbst und deine persönliche Weiterentwicklung können dir andere nicht verschaffen – auch keine höheren Wesen.

Da ich dennoch gern mehr wissen wollte, ergriff ich schließlich eine andere Chance: Ich machte zwei psychotherapeutische Ausbildungen. Mein Ausbildungstherapeut war ein nüchterner Mensch und hatte etwas gegen Gott. Das gefiel mir nicht wirklich, aber ich konnte es so stehen lassen und lernte für mich:

Dein Glaube ist dein Eigentum. Lass ihn dir nicht nehmen und nicht vorschreiben, finde ihn selbst.

Die Jahre gingen dahin und ich ertappte mich immer wieder dabei, wie ich durch mein Zuhause lief und laut vor mich hin sprach. Das kam mir irgendwann doch verdächtig vor. Bei der nächsten Sitzung fragte ich meinen aktuellen Therapeuten (es war nicht der erste), ob ich mir wegen meines Geisteszustands Sorgen machen müsse. Er machte eine Pause und sagte dann mit gesetzter Stimme: „So lange Sie sich sicher sind, dass Sie mit sich selbst sprechen, ist das in Ordnung. Sobald Sie das nicht mehr erkennen, wird es kritisch."

Bisher wurde es das nicht. Diesem Mann glaubte ich endlich. So begann ich, mich um das zu kümmern, was ich als das normale, innere Gespräch eines jeden Menschen bezeichne. Ich hörte mir endlich aufmerksam zu. Auf diese Weise klärten sich immer mehr Ideen und Vorstellungen, die ich hatte. Und so entstanden auch meine Erkenntnisse allgemeinerer Art über den Menschen. Was du nun in diesem Buch lesen kannst, entspricht meinem inneren Dialog, dem, was ich über Jahre mit mir selbst besprach. Dies kannst du genauso tun:

Nimm endlich ernst, was du dir selbst zu sagen hast.
Daran erkennst du, wer du bist und was du willst.

Wohl kaum etwas ist so stark wie Worte. Mit ihnen können wir jedes Gefühl ausdrücken, uns selbst Gehör verschaffen, uns klären, Grenzen aufzeigen, dem anderen unsere Liebe vermitteln und viel, viel mehr. Stärker ist wohl nur der Kontakt, die direkte Berührung. Aber selbst diese ist in gewissem Maß auch mit Worten erreichbar.
Darum geht es in diesem Buch. Oft können wir die Erfahrung machen, dass uns die Worte eines anderen berühren, dass wir uns nach ihnen sehnen und sie uns auch sehr verletzen können. Wir wissen genau um die Kraft der Sprache. Deshalb kannst du sie auch nutzen, um dir selbst Gutes zu tun. Hierfür findest du am Ende eines Abschnitts jeweils „Stärkende Worte". Sie sind größtenteils in der Ich-Form geschrieben und eignen sich gut, um sie sich selbst laut vorzulesen.
Auf der nächsten Seite findest du die ersten stärkenden Worte:

Ich beginne, auf mich selbst zu hören

Lange Zeit in meinem Leben habe ich meine Ohren geöffnet, um auf das zu hören, was von außen kam. Vieles war dabei, was mir geholfen hat, Hinweise, Liebevolles.
Aber es war auch einiges dabei, was nur dem anderen geholfen hat, der es aussprach.
Ich habe genug hören müssen, was mich verletzt hat.
Es war nicht immer leicht.
Auch etwas zu hören, das nicht für meine Ohren bestimmt war, hat mich belastet.
Vieles, das ich zu hören bekam, wusste ich bereits und manches hat Widerstand in mir ausgelöst. Da verstand ich:
Ich habe ein Recht darauf, mich selbst zu entscheiden, was ich höre und was nicht.
Ich werde ab sofort dieser Umweltverschmutzung, die in meine Ohren zu dringen droht, einen Riegel vorschieben.
Das meiste, was von außen kam, hatte eine einzige Auswirkung: Es übertönte meine eigene Stimme.
Die hat sich mehr und mehr zurückgezogen, dem Lauten von außen zu viel Platz gegeben.
Ab jetzt schenke ich mir und meiner Stimme den Raum, den wir beide brauchen, um ein gutes Team zu sein.
Denn meine eigene Stimme soll mein Leben führen.

Der wichtigste Mensch im Leben

Was ist Leichtigkeit im Leben?

· *Weniger Gewicht?*
· *Weniger Arbeit?*
· *Weniger E-Mails?*
· *Weniger Schulden?*
· *Weniger Seriosität?*
· *Weniger Erkenntnis?*
· *Weniger Kinder?*

Siebenmal Nein. Denn Leichtigkeit bedeutet immer ein Mehr:

· *Mehr Freiheit*
· *Mehr Selbstvertrauen*
· *Mehr Entscheidungskraft*
· *Mehr Selbstbezogenheit*

Für manche hat Selbstbezogenheit den Geruch von Narzissmus, also krankhafter Selbstliebe. Aber stimmt das? Ist Selbstbezogenheit wirklich gleichbedeutend mit Egozentrik? Sich auf sich selbst zu beziehen ist nicht nur unser Recht, sondern auch unsere Pflicht. Dieser Ich-Bezug ist eine Form von Liebe und vollkommen in Ordnung, solange wir die anderen in gleicher Weise verständnis- und liebevoll betrachten. Wenn Selbstbezogenheit zur Einbahnstraße wird, endet sie als Sackgasse der Einsamkeit und Isolation. Jeder, der einmal geflogen ist, kennt die Ansage der Flugbegleiter im Rahmen der Sicherheitsvorschriften: „Im unwahrscheinlichen Fall eines Druckverlustes fallen Sauerstoffmasken aus der Decke. Ziehen Sie zunächst eine Maske an Ihr

Gesicht und helfen Sie dann den Mitreisenden und Kindern." Was fällt uns dabei auf? Hier werden wir öffentlich aufgefordert, zuerst uns selbst zu helfen und erst dann den anderen. Widerspricht das der Ethik? Nein! Wenn wir die Maske nicht zuerst an unser eigenes Gesicht drücken würden, hätten wir schon keine Kraft mehr, dem Schwächeren zu helfen. Nur in dieser Reihenfolge ist es sinnvoll. Doch in der Realität meinen ganz viele Menschen, es sei anrüchig, sich selbst zu helfen, selbstsüchtig, egoistisch, egozentrisch, unmenschlich. Dabei ist es so:

Es ist deine Pflicht, zuerst an dich selbst zu denken. Damit erhältst du dir die Kraft, um anderen zu helfen und selbst ein leichtes und glückliches Leben zu führen.

So schaffst du die beste Basis, um auch andere unterstützen zu können. Ziel ist es also nicht, sich zu einem eigensüchtigen Monster zu formen, sondern der Warmherzigkeit für sich selbst einen Raum zu verschaffen. Nur dann kannst du voll und ganz in deinem Leben und der Welt sein.

An sich selbst zu denken bedeutet dabei auch, sich von den Erwartungen im Außen abzuwenden. Das funktioniert grundsätzlich so:

Schenke dem anderen das Gute, das du dir selbst auch gibst.

Das ist in Ordnung. Wenn du dich selbst lobst, lobe unbedingt auch andere. Wenn du andere wertschätzt, tue dies bitte unbedingt auch bei dir selbst:

Dein Leben empfindest du dann als leicht, wenn du mit dir selbst, so wie du bist, ohne Wenn und Aber auskommst.

Es kann auch keine positive Veränderung im Leben geben, solange du die Ursache für dein Unglück oder deine Lebenssituation woanders suchst. Denn letztlich kannst du dein Umfeld nicht ändern. Das bedeutet, deine Chancen liegen immer bei dir selbst und niemals bei anderen oder den Umständen. Denn dein Leben findet immer in dir selbst statt. Der wesentliche Hebel zu Verbesserungen liegt deshalb ausschließlich bei dir:

In den Änderungen deiner Einstellungen und deines Verhaltens liegen deine Chancen.

Die Entwicklung der Gesellschaft zeigt, wie stark sich viele Menschen nach außen orientieren. „Außen", das ist beispielsweise das Handy, welches technische Kontakte herstellt. „Außen", das ist auch die dreizehnte Feier innerhalb eines Monats, die unbedingt besucht werden muss. „Außen", das ist die nächste Stufe auf der Karriereleiter. Oder der Geliebte oder die Geliebte. Ebenso wie die vermeintliche Zeitnot, die einen antreibt. Beenden wir die Aufzählung, auch wenn sie nahezu unendlich fortgeführt werden könnte. Je mehr du dich dem Außen zuwendest, umso stärker vergisst oder verneinst du das Leben in dir. Je weniger du dich selbst beachtest, umso stärker entwürdigst du dich. Je weniger du dich achtest, umso unzufriedener wirst du. Je unzufriedener du bist, umso mehr suchst du im Außen nach Lösungen. Und nun beginnt das vergebliche Spiel von vorn und du denkst: Ich muss das neueste Handy haben, um glücklich zu sein! Oder: Ich muss das schnellste Auto fahren! Viel Geld verdienen! Abnehmen!
Es reicht! Hör auf damit! Nichts musst du! Nichts! Lasse dir keine Ziele mehr einreden! Keine Ziele, die nicht deine eigenen

sind. Keine Ziele, die nur dazu dienen, andere reicher zu machen. Keine Ziele, die an dir vorbeigehen. Keine Ziele, die verhindern, dass du verstehst, was dich wirklich glücklich macht. Keine Ziele, die deine Freiheit beschneiden. Es geht darum, den wichtigsten Menschen im eigenen Leben kennenzulernen. Und das bist du selbst:

- *Was tust du tatsächlich?*
- *Tust du, was du wirklich tun möchtest?*
- *Was fühlst du und was drückst du davon aus?*
- *Wie kommst du mit dir in Kontakt?*
- *Wie findest du zu dem, was dich in deinem Innern wirklich interessiert?*

Du kannst dich selbst sehr gut kennenlernen, indem du deine Möglichkeiten wahrnimmst, anwendest und so voller Mut und Einverständnis mit dir selbst lebst. Deshalb mache dir klar:

Nur, wenn du für dich der wichtigste Mensch bist, hast du die Chance auf ein lebendiges Leben. Dann kannst du auch in Freiheit andere lieben.

Meine eigene Mitte aufsuchen

Ich verstehe und erkenne, wie viele Räume es in mir selbst gibt.
Einer davon, der ganz in meiner Mitte liegt, wartet seit Langem darauf, endlich von mir betreten zu werden.
Ich habe nun den Mut, diesen Raum aufzusuchen. An dessen Eingang steht: das Wichtigste in meinem Leben.
Da ist es doch kein Wunder, den Raum mit einer gewissen Ehrfurcht zu betrachten. Aber jetzt ist es so weit, ich gehe hinein.
Der Raum empfängt mich warm, mir ist, als würde er sagen, er warte seit Ewigkeiten auf mich.
Und tatsächlich, er spricht zu mir:
„Wenn du dich selbst nicht würdigst, wer wird es sonst tun?
Wenn du dich selbst nicht ernst nimmst, wie soll dich ein anderer ernst nehmen?
Wenn du dir selbst nicht hilfst, warum soll dies ein anderer tun?
Wenn du deine Kraft nicht zulässt, wirst du dann stark sein können?
Wenn du deine Gefühle nicht wahrhaben möchtest, wie kannst du wahrhaftig geliebt werden?
Wenn du zu dir kommen möchtest, so wie du zu mir gekommen bist, mache dich auf deinen Weg!
Betrachte dich zunächst von außen, gehe dann hin zu dir und gehe schließlich in dich."

Danke, mein Herz.

Optimismus geht anders

Es gibt zwei Ausprägungen von Optimismus, den Alltags- und den Weltenoptimismus.[1] Beim Alltagsoptimismus konzentrieren wir uns auf konkrete Ziele, die wir erreichen können und wollen. Der Weltenoptimismus ist eine innere Haltung des „Alles wird gut" oder „Das wird schon wieder!". Wer jedoch mit diesem etwas fatalistischen Gedanken durch das Leben geht, gibt sich zu sehr dem positiven Denken und dem schönfärberischen Blick durch die rosarote Brille hin (siehe Kapitel „Positive Gedanken"). Gesünder ist diese innere Definition von Optimismus:

Gesunder Optimismus ist die Zuversicht, dass du eigene Ziele erreichen wirst.

Wenn du in deinem Leben zurückschaust, wirst du erkennen, dass du eine Vielzahl von Zielen, die du dir gesteckt hattest, auch erreicht hast. Dies ist dir also grundsätzlich möglich. Dabei lohnt es sich, Optimismus als Wegbegleiter zu wählen. Dies fällt dir umso leichter, je genauer deine eigenen Vorstellungen von Weg und Ziel sind. Ziele zu haben ist wesentlich, wenn unser Leben leichter werden soll.

Mache dir deshalb deine wichtigen Ziele klar. Sie dürfen weitreichend sein, sollten aber das realistisch Mögliche beachten. Manchmal hilft es, laut mit sich selbst über seine Ziele zu sprechen und sie dann aufzuschreiben. Vieles wird so klarer.

Wähle wahrhaftige Ziele und schreibe sie auf.

Optimismus kann uns auch helfen, nicht aufzugeben. Doch dabei dürfen wir Aufgeben nicht mit Aufhören verwechseln. Wenn wir feststellen, dass ein Weg nicht (mehr) sinnvoll ist oder wir das Ziel gar nicht mehr erreichen wollen, dann sollten wir damit aufhören, es anzustreben. Gestehe dir diese Entscheidungskraft zu. Sich von einem Ziel wissentlich und entschieden abzuwenden ist etwas ganz anderes als aufgeben, weil einem der Weg dorthin zu schwierig scheint. Und wenn dir die Kraft ausgeht, solltest du dein Ziel nicht aufgeben, sondern dich eher fragen, wie du deine Kraft und Motivation zurückerlangst.

Optimisten haben dabei nicht mit weniger schweren Herausforderungen fertig zu werden als Pessimisten. Allein deine Einstellung zum Leben entscheidet sicher nicht darüber, welche Schwierigkeiten du im Leben zu bewältigen hast. Aber Optimisten gehen mit denselben Widrigkeiten anders um. Sie sagen sich angesichts einer Niederlage, dass dies einfach nur ein Rückschlag ist, der ausschließlich Auswirkungen auf diese eine, bestimmte Situation hat. Sie verzichten darauf, aus einer Niederlage eine persönliche Schuld zu machen. Sie strengen sich eher noch mehr an, wenn ihnen Gegenwind entgegenbläst. Pessimisten geben viel eher auf. Sie sind angesichts einer Niederlage persönlich gekränkt und sehen weitreichende Auswirkungen in einer einzelnen Begebenheit, deren Bedeutung eher beschränkt ist.

Optimismus ist ein wichtiger Begleiter von Freude und auch von Leichtigkeit im Leben. Wir können uns kaum vorstellen, zugleich pessimistisch zu sein und uns dennoch luftig leicht zu fühlen. Daraus ergibt sich für dich eine wichtige Aufgabe:

Sorge dich genug um dich, jedoch nur so wenig wie nötig um all das, was schiefgehen kann.

Ich habe das Recht, in Leichtigkeit zu leben

Es fühlt sich leicht an, wenn ich nicht mehr aus meiner jetzigen Lage auf meine ganze Zukunft schließe.
Es fühlt sich leicht an, wenn ich nichts mehr voraussagen will.
Es fühlt sich leicht an, mit Optimismus nicht mehr ein ununterbrochenes Lächeln in meinem Gesicht zu verbinden, sondern verstanden zu haben:
Optimismus, das bedeutet meine eigene Zuversicht für meine Zukunft.
Es fühlt sich leicht an, meinen Erfolg mit Optimismus zu verbinden.
Es fühlt sich leicht an, mich auf meine echten Ziele zu konzentrieren.
Es fühlt sich leicht an, mir selbst einen Weg zu mehr Leichtigkeit im Leben zu erlauben.
Ich habe ein Recht darauf.
Wie die Samen des Löwenzahns sich für ihren Weg in die Luft erheben, so beginnt mein neuer Weg mit der gleichen Selbstverständlichkeit und dem Gefühl, in gewisser Weise ebenso fliegen zu können.
Die Schwere bleibt hinter mir zurück.

Das Prinzip Glück

Es gibt letztlich nur drei Grundgefühle, die wir alle anstreben: die Liebe, die Freude und das Glück. Ich bezeichne sie als die drei „Zielgefühle", die wir als positiv empfinden. Die Existenz von manch anderen, negativen Grundgefühlen wird dagegen gern verdrängt. Konkret sind dies die Angst und all ihre Ausprägungen wie Angst vor dem Tod (Vergehensangst), vor dem Alleinsein (Verlassensangst) und vor Unfähigkeit (Versagensangst). Weiterhin lehnen wir die Wut ab, den Zorn, die Traurigkeit, die Verachtung und den Ekel, die Überraschung und die Neugier, die Scham und die Schuld. Wenn du dich darüber genauer informieren willst, sei dir mein Buch „Gefühle" empfohlen.[2]

Die wissenschaftliche Forschung zum Thema Glück[3] hat eindeutig herausgefunden: 50 Prozent unseres Glücksniveaus sind biologisch festgelegt. 10 Prozent machen unsere äußeren Umstände aus, unser Status, wie wir wohnen, wo wir leben, wie viel Geld wir haben und so weiter. Die restlichen 40 Prozent hängen von unserem eigenen Verhalten ab. Was wir tun und lassen und wie wir dies tun, hat also maßgeblichen Einfluss auf unser Glücksniveau – und damit übrigens auch auf unser Gefühl, frei zu sein, es leicht zu haben. Das bedeutet:

> Glück kannst du nicht finden, wenn du außerhalb von dir danach suchst. Glück liegt fast ausschließlich in dir selbst und damit in deiner Entscheidung. Fast alles, was an deinem Glück veränderbar ist, wird durch dich selbst bestimmt und braucht nichts als dich selbst.

Die 10 Prozent der Glücksfaktoren, die außerhalb von dir liegen, sind letztlich deine Lebensumstände und dein Besitz, also dein

Verdienst, ob du in einer einfachen Wohnung oder einem luxuriösen Haus wohnst, auch Titel und Erfolge zählen dazu. Hierher gehört auch deine Vergangenheit. Vielleicht erstaunt dich diese Feststellung, doch deine Geschichte ist vorbei und damit absolut unveränderlich. Deshalb sind also auch eine glückliche Kindheit, Reichtum oder eine steile Karriere kein Garant für lebenslanges Glück. Das mag den einen oder anderen ernüchtern. Daraus ergibt sich jedoch für viele eine Mut machende Erkenntnis:

Du musst dir um deine Vergangenheit keine Sorgen machen, was deine Chancen für dein Glücksempfinden ab jetzt angeht. Wenn du ein höheres Glücksniveau erreichen willst, hängt das nicht davon ab, was einmal war. Deine Chancen liegen darin, wie du dich ab jetzt verhältst und welche Einstellung du ab jetzt einnimmst.

Vermutlich ist das Glück, etwas zu besitzen, am leichtesten zu erreichen und wird auch deshalb bevorzugt angestrebt: das angenehme Leben, das Streben nach Genuss, Vergnügen und Besitz. Doch jetzt wissen wir, dass uns diese Dinge nicht dauerhaft glücklich machen können – sie beeinflussen ja nur zu 10 Prozent unser Glücksniveau!

Wir brauchen vielmehr etwas, das uns Glück in den Bereichen unseres Handelns oder unseres Menschseins beschert. Denn hier liegt ein stärkerer Hebel, der unser Glücksniveau anheben kann. Das Leben voller Hingabe, das Streben nach einem erfüllenden Beruf sind deshalb echte Chancen für Glück. Ebenso ein Leben, welches sich an mitmenschlichen Werten orientiert.

Es kommt auf die beweglichen Teile an

Mein Land des Glücks ist eine freundliche, einladende, große Landschaft. Darin stehen alte, stattliche Bäume, die durch keinen Sturm Schaden erleiden. Sie sind einfach da, so wie sie schon immer da waren, und sie bleiben auch da. Sie sind notwendig, damit ich mich selbst in meinem großen Reich orientieren kann.
Ich brauche diese weisen Wegweiser nicht zu verändern und ich tue gut daran, es gar nicht erst zu versuchen. Meine Energie nutzt mir an anderer Stelle mehr.
Es scheint mir, als ob diese Bäume für sich stehen, wie ein Teil von mir selbst. Ein Teil, auf den ich mich verlassen kann, gerade, weil er an Ort und Stelle bleibt. Ob die Bäume etwas mit meiner Persönlichkeit zu tun haben? Fast scheint es so. Manche der Bäume strahlen ein kaum zu bändigendes Glück aus, der Ginkgo da und die Gruppe von Linden dort. Andere, die mühevoll im Schatten wachsen, erinnern mich daran, dass es auch anderes gibt, mit gleicher Daseinsberechtigung wie alle.
Aber für mich selbst ist es besonders wichtig, viele andere Elemente auf meinem Land des Glücks zu entdecken. Da gibt es die erfahrenen Schnatterenten meiner eigenen Vergangenheit. Die sind, wie sie sind, und so sind sie in Ordnung; immerhin, viele von ihnen singen ein fröhliches Lied. Sie plappern halt viel.
Erheblich interessanter sind die Schmetterlinge, wie sie neugierig und voller Interesse nach immer Neuem Ausschau halten. Mit ihnen schwebe ich geräuschlos über meine Glückslandschaft und entscheide, wie ich dorthin komme und wo ich für kurze Zeit Rast mache.
Es ist ein gutes, beruhigendes Gefühl, nach und nach viele verschiedene Möglichkeiten zu entdecken und zu verstehen, wie ich mich in meinem Land des Glücks zurechtfinde.

Wer begreift, kann loslassen

Mitte der 1960er-Jahre untersuchten die amerikanischen Psychiater Thomas Holmes und Richard Rahe Situationen, die in uns Stress auslösen, und veröffentlichten dazu eine Art Hitliste des Stresses.[4] An erster Stelle stand mit 100 Belastungspunkten der Tod des Partners. Dann folgte mit 73 Punkten die Scheidung, 65 Punkte gab es für die Trennung ohne Scheidung, 63 Punkte für den Tod naher Verwandter, 53 für eine schwere Verletzung oder Krankheit, 50 für die Hochzeit und 42 für eine Entlassung im Beruf. Es zeigt sich, dass fast alle Stresssituationen etwas mit Bindung beziehungsweise einer (ungewollten) Trennung zu tun haben:

Ein wesentliches Hindernis für ein leichtes Leben sind Probleme mit Bindungen. Also Schwierigkeiten mit dem Loslassen oder Festhalten von Dingen oder Lebewesen.

Angesichts der Tatsache, dass der Tod oder die Trennung von einem geliebten Menschen derart schmerzlich ist, kommen nicht wenige auf die Idee, sich lieber gar nicht mehr zu binden. Tatsächlich ist dies inzwischen in Japan so weit verbreitet, dass die Regierung sich Sorgen um den Fortbestand der Nation macht. Fast 30 Prozent aller Männer, die im Jahr 2030 über 50 Jahre alt sein werden, werden bis dahin stetig Single gewesen sein.[5] Ob die strikte Vermeidung von etwas, das viel Freude und Befriedigung bringen kann, eine gute Lösung ist? Vermutlich ist es besser, sich diese Hindernisse bewusst zu machen. Dann können wir uns dafür engagieren, eine Bindung stabil zu erhalten oder eine notwendige Trennung möglichst wenig zerstörerisch zu gestalten.

Die Kunst des Loslassens können wir bei kleinen Kindern beobachten. Sie begreifen die Dinge, indem sie diese ergreifen. Dann nehmen sie sie in den Mund und versuchen, sie zu verinnerlichen. Und dann kommt das Entscheidende: Sie lassen sie wieder fallen. Erst, wenn im Laufe des Erwachsenwerdens die Gier unseres Ichbewusstseins dazukommt, wollen wir nicht mehr loslassen, sondern vereinnahmen. Das bedeutet, dass wir das Thema, das Ding oder auch die Person schlicht nicht wirklich verstanden haben und deshalb nicht loslassen können.

Ein konkretes Beispiel eines kinderlosen Paars, das ich vor langer Zeit kennengelernt habe: Sie genossen ihr Leben, fuhren auch im etwas höheren Alter Motorrad und unternahmen viele Reisen in ferne Länder. Aber sie hatten sehr wohl etwas, was sie besaßen und worum sie sich kümmerten, nämlich fünf Katzen. Es war schwierig, die Katzen und die Reisen unter einen Hut zu bekommen, doch über viele Jahre hinweg waren die beiden treue Diener ihrer Haustiere. Dann wurde die Frau seelisch krank und begab sich in eine Behandlung, in der ihr schmerzhaft bewusst wurde, wie sehr sie eigene Kinder vermisste. Nun verstand sie, dass sie vor Jahren die Katzen an Kindes statt „aufgenommen" hatte, und begriff – und es war ein tief gehendes, anrührendes Erlebnis –, dass Katzen einfach nur Katzen sind. Ab diesem Moment konnte sie sie loslassen und einfach Tiere sein lassen. Sie kümmerte sich weiter liebevoll um sie, aber mit einer gereiften Einstellung zu ihnen. Es wurde auch keine mehr „ersetzt", wenn eine ältere starb. Wir lernen hier dreierlei:

Wenn du etwas begreifen willst, musst du es zuerst ergreifen, also dir nahe bringen. Wenn du etwas wirklich begriffen hast, kannst du es loslassen. Loslassen ist nicht einfach.

Loslassen ist für uns auch so schwierig, weil wir in der Regel zwei Einstellungen zum Leben pflegen. Die eine lautet: „Ich weiß nicht, was kommt. Und solange sich nichts Besseres bietet, bleibe ich dem Bisherigen treu – selbst wenn es noch so schlecht sein mag." Zum anderen erinnert uns unbewusst jede Trennung von etwas an unsere eigene Endlichkeit. Denn auch unser Leben müssen wir irgendwann einmal abgeben. Diesen Konflikt können wir lösen, wenn wir verstehen, dass Festhalten noch viel anstrengender ist.

Dazu ein Beispiel aus meinem Alltag: Auf meinem Pinboard halten einige starke Magnete das Papier bombenfest. Dafür brauchen sie Energie. Uns Menschen kann es ähnlich ergehen, wenn wir an etwas festklammern: Wir merken oftmals nicht, dass wir dabei sehr viel Energie investieren, die uns dann für andere Dinge im Leben fehlt. Merke dir:

Festhalten ist viel anstrengender als Loslassen.

Auch das Beispiel des Tauziehens zeigt das sehr anschaulich. Versuche einmal, das Seil länger als ein paar Sekunden oder Minuten zu halten, zumindest, wenn der Zug der anderen stark genug ist. Und dann lass los. Du wirst dich für einen Moment federleicht fühlen. Deshalb merke dir:

Loslassen birgt den Gewinn der Leichtigkeit
(und manchmal den Preis der Traurigkeit).

Und noch etwas spricht dafür, sich das Leben leichter zu machen, indem wir öfter loslassen, statt festzuhalten: die Zeit. Es kostet extrem viel Energie, sich gegen diese vollkommen unbeeinflussbare Instanz Zeit stemmen zu wollen, die letztendlich doch ein Voranschreiten unseres Lebens und der Entwicklung erzwingt. Wie viel Energie bringen Menschen auf, um der Zeit ein Schnippchen zu schlagen! Milliardenumsätze für Anti-Age-Kosmetik oder sogenannte Schönheitsoperationen beweisen dies. Leicht zu leben gelingt nur, wenn wir uns dem Fluss der Zeit hingeben, statt sich ihm entgegenzustemmen.

Endlich loslassen

Als kleines Kind wollte ich einfach nur begreifen, die Welt um mich herum verstehen.
Ich wollte nichts besitzen oder an mich raffen, um es nicht mehr herzugeben.
Vielleicht wusste ich intuitiv: Nichts kann auf Dauer besessen werden.
Später gab es eine Zeit, in der ich mich schwer von Dingen, Personen und Haltungen trennen konnte.
Heute verstehe ich, wie sinnvoll es ist, wieder weniger besitzen und mehr begreifen zu wollen.
Deshalb habe ich mich entschlossen, mich wieder mehr zu öffnen.
Ich will begreifen, wer ich bin.
Ich will begreifen, wie ich bin.
Ich will begreifen, was mein Leben bisher ausmachte.
Dann kann ich loslassen.
Mich selbst zu verstehen und anzunehmen erleichtert mein Leben.
Das ist mein Ziel.

Das innere Reich: Ein Blick hinter die eigenen Kulissen

Das Unbewusste in uns

Vermutlich hast du bereits an vielen Stellen still für dich genickt und gedacht: Genau so ist es. Ich würde das ändern, wenn ich nur könnte! Doch Veränderung ist nicht leicht, denn in uns wirken starke Kräfte, die uns häufig den klaren Blick auf die Welt nehmen: Wir sind Meister im Verdrängen, Meister der Projektion und Großmeister des Unbewussten.

Das Unbewusste
Das Unbewusste umfasst die Erinnerungen, die in uns schlummern und die wir nicht abrufen können. Ein fiktives Beispiel: Als du drei Jahre jung warst, mag es ein sehr nettes Nachbarskind namens Kim gegeben haben. Mit ihm hast du gern und viel gespielt und die Zeit dabei genossen. Nach einem Jahr zog es mit seinen Eltern weg. Die bewusste Erinnerung an diese Erlebnisse ging schnell verloren und liegt nun seit vielen Jahren in deinem Unbewussten. Erst, wenn diese Instanz es zulässt, kannst du dich wieder daran erinnern. Du hörst somit die Erzählungen über dich und Kim wie von einem Fremden. Du würdest Kim auch auf einem Foto nicht von selbst erkennen.

Nun gilt: Je intensiver und je unangenehmer eine Erfahrung ist, umso tiefer rutscht sie ins Unbewusste und umso schwerer kann man sie daraus wieder hervorholen. Das ist eine Krux an unserer Erinnerung: Sie ist vollkommen selektiv, und da wir nicht wissen, was sich im Unbewussten befindet, wissen wir auch nicht, was wir nicht wissen, aber wissen könnten, wenn es denn frei wäre und auf eine bewusste Ebene käme. Unser Unbewusstes existiert ab dem Moment, wo wir selbst existieren. Es ist die wohl älteste Struktur in unserer Seele. Aber nicht nur in der Zeit als Baby oder Kind agiert das Unbewusste, sondern auch tagtäglich im Erwachsenenleben. Das Unbewusste ist dabei viel, viel mehr als nur ein Speicher. Von dort aus werden wesentliche unserer Gefühle gebildet und gesteuert. Insofern ist es eine fundamentale Machtzentrale unserer Persönlichkeit. Das Unbewusste ist allein schon deshalb notwendig, weil wir nicht in der Lage sind, alles, was wir erleben, im Bewusstsein zu behalten. Wir wären schlicht überfordert, und insofern ist das Unbewusste auch eine Reinigungs- und Entsorgungseinheit.

Die Erfahrung lehrt, dass wir drei grundsätzliche Inhalte bevorzugt ins Unbewusste abgeben: fast alles, das für uns keine wirkliche Bedeutung hat, alles, was irgendwie automatisiert ablaufen soll, und vieles, das besonders hohe Bedeutung hat.

Dein Leben ändert sich meistens dann intensiver, wenn du selbst einen behutsamen Zugang zu bestimmten, zunächst unbewussten Inhalten erreichst. Die Lektüre dieses Buches könnte an der einen oder anderen Stelle dein Unbewusstes dazu animieren, bestimmte Inhalte freizugeben und in dein Bewusstsein rücken zu lassen. Wir können gezielt nur das begreifen und loslassen, was uns bewusst ist. Alle anderen Inhalte können wir nicht beeinflussen.

Das Verdrängen
Viele Dinge sacken ab ins Unbewusste. Dies kann einfach so erfolgen oder als mehr oder minder aktiver, quasi gewollter Vorgang. Wenn wir etwas nicht im Bewusstsein haben wollen, es sozusagen aktiv wegstoßen aus unserem Wissen, dann nennt man das Verdrängung. Dies bedeutet also: „Weg damit, ich will das nicht wissen. Erinnere mich nicht mehr daran! Ich jedenfalls weiß schon nichts mehr davon." Verdrängung ist dabei ein aktiver (jedoch nicht bewusster) Vorgang des Vergessens.

Die Projektion
Projektion bedeutet, man sieht im anderen das, was in einem selbst ist. Damit verlagern wir eigene Wünsche, Gefühle und Konflikte auf andere und verlassen die objektive Position, ohne dies unbedingt zu merken. Unsere Gedanken und Urteile über andere sind also immer subjektiv, da wir sie an unserem eigenen Wertesystem messen. Wenn wir beispielsweise einen anderen

Menschen als geizig empfinden, erinnert uns sein Verhalten an den eigenen, vielleicht vollkommen verdrängten Geiz.

Fritz Perls, ein anerkannter amerikanischer Therapeut, sagte: „Gehen wir zur Vereinfachung davon aus, dass alles, was wir erleben, Projektion ist." Damit will er sagen, wir können uns nicht so weit von uns selbst entfernen, dass uns ein objektives Urteil möglich ist. Wir urteilen und bewerten immer aufgrund unserer eigenen Vorstellungen, Erfahrungen und Erwartungen. Projektion ist ein vollkommen alltägliches Phänomen. Ein wesentlicher Teil der Ausbildungszeit zum Psychotherapeuten ist notwendig, um Auswirkungen der Projektion zu vermindern. Ganz verhindern kann man sie wohl nicht. Der Satz von Fritz Perls verträgt dennoch eine kleine Korrektur. Eigentlich sollte er lauten: *Wie* wir etwas erleben, hat immer einen Bezug zu uns selbst und damit einen Anteil von Projektion.

Einladung an mein Unbewusstes

Ich weiß, dass es dich gibt, auch wenn ich es kaum glauben mag.
Deine Vorstellungen und Ideen, deine Ängste und Sehnsüchte kann ich immer wieder erleben, in mir.
Eigentlich habe ich viel Respekt vor dir, deiner Erfahrung, deiner Weisheit und deiner Fülle.
Deshalb besteht das Risiko, vor lauter Respekt den Zugang zu dir zu verweigern.
Nur nichts davon rauslassen!
Was könnte da alles verborgen sein!
Inzwischen wird mir jedoch immer klarer, welche Hilfe ich durch dich bekommen kann. Deiner Erfahrung, Weisheit und Fülle kann ich vertrauen. Ich lade dich ein, mir ein wenig zu helfen, ab jetzt erlaube ich mir das.
Ich verrate dir ein kleines Geheimnis:
Ich freue mich darauf, im besseren Einklang mit dir zu leben.

Gut oder schlecht?

Für die folgende Übung brauchst du ein Blatt Papier und etwas zu schreiben. Die einfachen Fragen führen dich zu deinen tief in dir verankerten Überzeugungen – ein erster praktischer Schritt auf dem Weg, dich selbst kennenzulernen.

Den meisten Menschen fällt es erheblich leichter, Negatives in ihrem Leben zu finden als Positives. Gehörst du auch dazu? Erkennst du dich in einer der folgenden Aussagen wieder – oder auch in mehreren? Notiere auf deinem Blatt den Satz „Mein Leben ist schwer ..." und schreibe darunter deine persönliche Antwort auf. Vielleicht inspirieren dich diese Beispiele:

Mein Leben ist schwer,
... weil ich eine schlechte Kindheit hatte.
... weil mich meine Mutter nicht liebte.
... weil sich meine Eltern getrennt haben.
... weil ich mir wichtige Menschen bereits verloren habe.
... weil ich alleine bin.
... weil mich niemand mag.
... weil ich seit Längerem arbeitslos bin.
... weil ich keinen Sinn in meinem Leben finde oder erkenne.
... weil ich krank bin.
... weil ich nicht genug Geld habe.
... weil mir nichts mehr Freude bereitet.
... weil mich niemand versteht.
... weil ich nicht weiß, was ich tun soll.

Wenn du dir die Gründe, warum dein Leben schwer ist, klar machst, hast du bereits einen wichtigen Teil der Arbeit geleistet. Denn du weißt nun, was dich so sehr belastet. Dabei ist auch klar: Diese Liste ist nur ein winziger Ausschnitt dessen, was im Leben schwer sein kann. Jetzt stelle dir zum Abschluss noch folgende

Frage: Bringt dich dieses Wissen weiter oder lähmt es dich sogar ein wenig?

Neben dem Schwierigen gibt es bestimmt auch in deinem Leben Leichtes. Lies hierzu den folgenden Satz und ergänze ihn mit so vielen Gedanken, wie du möchtest. Einige Vorschläge dazu findest du hier. Bitte nimm dazu einen neuen Papierbogen zur Hand.

Mein Leben ist leicht,
… wenn ich genug Geld habe.
… wenn ich gesund bin.
… wenn ich nichts tun muss.
… wenn ich eine feste Anstellung habe.
… wenn ich Urlaub habe.
… wenn ich vor dem Fernseher sitze.
… wenn ich betrunken bin.
… wenn ich mit meinen Kindern zusammen bin.
… wenn ich für mich bin.
… wenn ich unter Leuten bin.
… wenn ich etwas Bestimmtes nicht tun muss.
… wenn ich im Garten arbeite.

Die spannende Frage ist: Wie kommst du zu deinem persönlichen „wenn", also zu dem, was du bisher als Bedingung für Leichtigkeit in deinem Leben festgelegt hast? Denn ob dein Leben sich leicht oder schwer anfühlt, hat genau damit viel zu tun. Deine Gedanken zu dem Satz „Mein Leben ist schwer, weil …" zeigen alle dein Wissen um deine Schwierigkeiten. Sie demonstrieren also, wie wach du dir selbst und deiner Vergangenheit gegenüber bist. Nur: Sie helfen dir meistens nicht.
Eine Einstellung, die dir das Leben wirklich leichter machen würde, wäre dagegen, wenn du dich liebevoll mit dir selbst auseinandersetzt. Hierfür können dir die Gedanken dienen, die dir zu der Aussage „Mein Leben ist leicht, wenn …" einfielen.

Deshalb rate ich dir: Schaue, was du tun kannst, damit sie Realität werden. Du siehst schon: Damit sich in deinem Leben etwas zum Besseren ändert, musst du selbst etwas ändern.

Dafür hast du grundsätzlich drei verschiedene Ansatzpunkte:

· *Deine Persönlichkeit*
· *Deine Einstellung zu etwas*
· *Das, was du tust*

Deine Persönlichkeit macht dich einmalig
Manche glauben, sie könnten an ihrer Persönlichkeit viel verändern. Ein fataler Irrtum. Unsere Persönlichkeit ist genau das, was unsere Individualität ausmacht. Wie schade wäre es, an dieser Einmaligkeit zu zweifeln oder sie in welches Schema auch immer hineinzupressen. Davon abgesehen ist sie kaum zu ändern. Fachleute unterteilen das, was wir als Persönlichkeit empfinden, in die „Großen Fünf", das sind folgende Eigenschaften und deren Gegensätze:

· *Offenheit/Verschlossenheit, beispielsweise für neue Erfahrungen*
· *Gewissenhaftigkeit/Nachlässigkeit*
· *Introvertiertheit/Extrovertiertheit*
· *Verträglichkeit/Unverträglichkeit*
· *Emotionale Stabilität/Sensitivität*

Die Fachleute haben in den letzten Jahrzehnten die Persönlichkeit von sehr vielen Menschen erfasst und kommen zu dem Schluss: Ja, Persönlichkeit ändert sich, aber langsam, sehr langsam. Zu langsam, um darauf bauen zu können. Am ehesten ändert sich das, was wir als die Weisheit des Alters oder Alterns nennen. Wir werden innerlich einfach etwas ruhiger, wenn wir älter werden.

Deine Einstellungen bestimmen, was du fühlst

Schauen wir uns an, was tatsächlich geändert werden kann. Es sind unsere Einstellungen, unsere Weltsicht und Haltung und unser Verhalten, was letztlich direkt mit unserer Einstellung verknüpft ist. Dazu ein anschauliches Beispiel: Stell dir vor, du bist gerade auf einer Städtereise in Paris, der Stadt der Liebe. Das Wetter ist blendend und du machst eine kleine Verschnaufpause im Park Jardin des Tuileries, sitzt auf einer Bank am Grand Bassin Rond. Die Stimmung rundherum ist von gelassener Fröhlichkeit durchtränkt. Kinder rennen um den Brunnen. Du bist gerade dabei, dein frisches Croissant aus der Tüte zu holen, es duftet schon. Du willst dich kräftigen, denn danach steht dein Besuch im Louvre an. Die Mona Lisa willst du doch einmal in deinem Leben in natura gesehen haben. Du bist bester Laune, alles passt. In diesem Moment fliegen die Tauben in den Himmel, und einer von den netten Vögeln kackt dir auf den Kopf. Versetze dich ganz in diese Situation hinein: Was fühlst du nun (außer dem klebrig-nassen Häufchen in deinem Haar)? Hier eine beschränkte Auswahl der möglichen Gefühle: Ekel, Belustigung, du bist genervt, nimmst es gelassen hin, bist beleidigt, fühlst dich als Opfer oder anderes mehr.

Deine Gefühle spiegeln vorrangig deine Einstellung zum Geschehen. Je gelassener du es hinnimmst, umso souveräner wirst du mit der Situation umgehen. (Nur eine Anmerkung zum Verständnis: Ein Vogel hat keinen Schließmuskel, er entscheidet also nicht selbst, wann er sich erleichtert. Damit ist ein solches Ereignis reiner Zufall und niemals böse Absicht.) Deine Einstellung korrespondiert dabei letztlich mit deiner allgemeinen Haltung im Leben. Diese kann beispielsweise katastrophisierend sein. Dann denkst du vielleicht: „Meine Güte, wie kriege ich das jemals wieder raus? Ich wusste doch, dass in Paris etwas Schlimmes geschehen würde!" Deine Haltung kann auch selbstbezogen sein: „Das war die fette, hässliche Taube, die mich eben angebettelt hat und der ich nichts vom Croissant geben wollte. Die hat bestimmt mich gemeint." Du könntest es auch leicht und lustig

nehmen, kurz auflachen und dir denken: „Das muss mir aber Glück bringen!"
Du kannst an diesem kleinen Häufchen erkennen, wie bereits Zufälligkeiten vollkommen unterschiedliche Gefühle hervorrufen, je nachdem, wen es trifft. Dennoch gilt: Die Vielfalt der möglichen Einstellungen zum Geschehen ist insgesamt beschränkt.

Deine Möglichkeiten zu handeln sind unbegrenzt
Nach der Bewertung des Geschehens auf der Grundlage deiner Haltung und Einstellung kommt dein Verhalten, deine Reaktion. Dabei können ganz unterschiedliche Handlungen entstehen. Du könntest dich entscheiden, den nahen Brunnen als Waschgelegenheit zu nutzen. Du könntest auch beschließen, ins Untergeschoss des Louvre zu gehen, um dort einen Waschraum aufzusuchen. Du könntest den Inhalt deiner Wasserflasche verwenden, um den Klecks aus deinem Haar zu waschen. Du könntest ein Taxi nehmen und dich in ein Bad fahren lassen. Es gäbe aber auch ganz andere Möglichkeiten: Du könntest den Haufen mit erhobenem Kopf so lange tragen, bis er trocken ist. Dann lässt er sich nämlich viel leichter entfernen. Oder du nimmst das alles als ein Zeichen des Himmels, immerhin kam der Haufen ja aus dieser Richtung, brichst den Ausflug ab und fährst zurück ins Hotel. Und wer das mit dem Schicksal besonders ernst nimmt, bucht dann auch noch den Flug um in eine zwölfstündige Rückfahrt mit dem Zug, denn vom Himmel kam ja nichts Gutes.

Ersparen wir uns weitere Ausführungen über die Ausscheidungen eines Tieres, aber eines kannst du an diesem Beispiel sehen: Deine Persönlichkeit ist vollkommen unverändert, ob mit oder ohne Taubengruß auf dem Kopf, deine Gefühlsmöglichkeiten (die deine Einstellung spiegeln) sind vielfältig, aber überschaubar. Nur deine Verhaltensmöglichkeiten sind nahezu unbegrenzt. Daraus erkennen wir:

Persönlichkeit ist, wie sie ist. Einstellungen sind änderbar, jedoch in beschränktem Umfang. Für Verhaltensänderungen sind der Kreativität kaum Grenzen gesetzt.

Wir können uns uns selbst als Baum vorstellen, mit der Pfahlwurzel unserer Persönlichkeit. Der Stamm verzweigt sich ab und zu, die großen Äste sind unsere Einstellungen und an ihnen entspringen die vielen Zweige und Blätter unseres Verhaltens. Unsere Einstellungen geben uns insofern eine gewisse Richtung und Auswahl vor, welches Verhalten uns näher liegt. Letztlich wirken sich deshalb Veränderungen in unseren Einstellungen stärker auf unsere Leichtigkeit im Leben aus als Verhaltensänderungen. Wenn es dir gelingt, eine Haltung ehrlich und dauerhaft zu verändern, kann sich deshalb mehr Gutes in deinem Leben tun, als wenn du eine Verhaltenstherapie beginnst. Das ist letztlich eine gute Perspektive: Denn deine Einstellung kannst du in wenigen Sekunden verändern. Um Verhalten dauerhaft zu verändern, braucht man zwischen sechs Monaten und drei Jahren bei steter Übung. Ohne die dahinterliegende Einstellung zu ändern, sind Verhaltensänderungen dementsprechend möglich, aber mühsam. Der erste richtige Schritt auf dem Weg ins leichte Leben ist es, an seiner Einstellung zu arbeiten. Frage dich selbst: Welche deiner Einstellungen verhindern Leichtigkeit? Welche ziehen dich immer wieder runter? Welche sorgen in diesem Sinne nicht für dich, sondern handeln gegen dich? Die Fragen am Anfang dieses Kapitels können dir dafür gute Anregungen bieten. Nimm sie als Basis für neue, dir helfende Inhalte. Wenn du beispielsweise geschrieben hast: „Mein Leben ist schwer, weil ich eine schwere Kindheit hatte", dann versuche es vielleicht mit folgendem Gedanken: „Ich gebe meiner Kindheit nicht mehr das Recht, über mein Leben als Erwachsener zu bestimmen." Oder betrachte dich von außen: Ist dein Leben wirklich so schwer heute? Vielleicht gibt es doch vieles, das gut läuft. Dann wäre eine für heute passende Änderung des Satzes: „Meine Kindheit war schwer. Aber sie ist vorbei, schon lange. Sie liegt hinter mir und das, was gut war, will ich ehren. Aber leben tue ich heute. Und zwar gut!"

Ohne Wurzel keine Früchte

Ich weiß, es war nicht immer leicht.
Im Gegenteil, manchmal hat mir mein Leben viel Sorge bereitet.
Aber daran bin ich gewachsen.
Dadurch wurde ich ein solch einmaliger Mensch, wie ich es heute bin.
Deshalb muss ich nichts schönreden und nichts gutheißen, was nicht gut war.
Aber ich habe das Recht und die Kraft, mich zu entscheiden, was ich von früher nehme und was ich in der Vergangenheit ruhen lasse.
Und ich habe das Recht und die Kraft, etwas anders zu beurteilen und etwas anders zu tun.
Dafür verzichte ich darauf, alles so zu sehen und zu handeln wie bisher.
Viel lieber höre ich auf meine innere Klugheit.
Sie ist ein Teil meiner Persönlichkeit.

Von Gefühlen befreien oder befreit sein?

Wir werden keinen einzigen Menschen am Ende seines Lebens erleben, der sagt: „Ich bedaure, keine tollen Autos gefahren zu haben." Oder: „Ich bin traurig, dass ich nicht immer das neueste Handy hatte." Oder: „Ich bin verzweifelt, nur in 3-Sterne-Hotels übernachtet zu haben." Oder: „Ich kann mir nicht verzeihen, niemals im Promibereich Fuß gefasst zu haben."

Die Glücksforschung konnte ohne Zweifel wissenschaftlich nachweisen, dass das Materielle nur sehr begrenzt zu unserem Glück beiträgt: Wir brauchen genug Geld, um normal leben zu können. Das bedeutet, unsere Ansprüche an Wärme, Wohnraum und Nahrung müssen erfüllt sein. Alles andere mehrt unser Glücksgefühl nicht! Es speist sich aus ganz anderen Quellen: aus uns selbst, aus unseren Beziehungen, aus der Ordnung in unserer Gefühlswelt.

Unser Streben darf den positiven Gefühlen dienen, aber auf der anderen Seite ist es eben auch gut zu wissen, wie wir mit negativen Gefühlen umgehen und diese besser dämpfen können. Das Leben empfinden wir als leicht, wenn wir glücklich sind oder uns freuen, wenn wir verliebt sind oder etwas Erwünschtes erleben. Aber es gibt eben mehr als diese positiv bewerteten Gefühle. Und leider sind die negativ bewerteten Gefühle sogar deutlich in der Überzahl. Deshalb ist es wichtig zu lernen, wie wir uns von diesen nicht in eine bodenlose Schwere herunterziehen lassen. Immer wieder heißt es, wir sollten uns von belastenden Gedanken befreien. Tja, wenn es denn so einfach wäre. So geht das nämlich nicht. Der Grund liegt in unserer Art zu denken.

Vor jedem Gedanken entstehen in uns Gefühle. Gedanken sind also die sprachliche Ausformung jener Gefühle, die bis zur Oberfläche vordringen. Denken wir einmal an einen Pilz im Wald, beispielsweise an einen Pfifferling. Das, was wir als Pilz erkennen und auch ernten, ist nur die Frucht des Lebewesens, das aus sogenannten Hyphen besteht. Das sind vollkommen unscheinbare, weißliche oder farblose Zellfäden im Erdboden. Es gibt Pilze von der Größe vieler Fußballfelder (das größte bekannte Lebewesen der Erde ist ein Hallimasch im US-Bundesstaat Oregon, der sich über 880 Hektar erstreckt), die nach außen nur durch ihre kleinen Auswüchse sichtbar werden, die wir als Pilze kennen. Unsere Seele ist ein wenig wie solch ein Pilz:

Das meiste von deinem Inneren ist und bleibt unsichtbar. Was du wahrnehmen kannst, sind kleine Auswüchse von dem Großen, das da ist.

Deine Gefühle bilden also deine Gedanken. Wenn du sie steuern willst, solltest du dich deshalb mit deinen Gefühlen befassen. Das ist viel sinnvoller, als zu versuchen, die Gefühle abzuschieben, denn sie wirken weiter, auch wenn du sie nicht mehr wahrnehmen oder wahrhaben willst. Nehmen wir als Beispiel die innere Handlungsanweisung: „Ich muss es schaffen." Klingt mühsam und macht Stress. Leichtigkeit entsteht durch diesen Satz nicht. Eher kommt ein Gefühl aus der Gruppe der Angst in dir auf. In diesem Satz stecken Druck, Versagensangst, Zweifel, Zwang etc.

Wichtig ist zu verstehen, wie ein solcher Satz in uns wirkt: Er kommt uns in den Sinn, weil wir *vorher* (oft eben unbewusst) das Gefühl von Angst oder Versagen haben. Diese Reihenfolge ist ein wesentlicher Ansatzpunkt, um sich selbst helfen zu können. Ein Gedanke kann überaus ungewollt und ungut sein. Aber wichtiger ist, sich zu fragen, wieso ich auf diesen Satz komme, wieso wirken in mir gerade oder schon länger diese Gedanken? Weil deine Gefühlswelt den Boden für diesen Satz bereitet.

Deine Gefühle machen deine Gedanken. Nicht umgekehrt. Wenn du mit Gedanken Einfluss nehmen willst auf deine Gefühlswelt, werden selbst solche Gedanken vorab von Gefühlen begleitet. Deshalb kannst du denken, was du willst. Du denkst ohnehin, was du fühlst.

Dabei können unsere Gedanken sehr wohl unsere Gefühle verstärken oder abmildern. Was geht beispielsweise in uns vor, wenn wir uns ängstigen? Wenn wir mitten in der Nacht aufwachen und meinen, ungewohnte Geräusche zu hören? Wir sagen uns: „Da ist schon nichts." Wenn die Angst nicht weniger wird, stehen wir vielleicht auf, schauen überall nach: Entwarnung. Dennoch, unsere Angst hört nicht auf. Dann, spätestens dann, werden wir uns mit Gedanken wie „Du hast alles kontrolliert, es ist alles in Ordnung" beruhigen. Doch was geschieht mit der Angst? Es muss durchaus nicht sein, dass diese wirklich verschwindet. Wenn wir die ängstlichen durch beruhigende Gedanken ersetzen, verdrängen wir sie. Und wenn wir Pech haben, wirkt die Angst im Untergeschoss unserer Seele weiter. Das bedeutet: Gedanken sind kein auf Dauer zuverlässiger Schutz vor Gefühlen! Wir sind effektive Vollzieher unserer Gefühle und finden wirklich brillante, höchst schlaue Begründungen, warum wir nun gerade so und nicht anders handeln mussten. Das ist eine Rechtfertigung vor anderen und – noch viel eingreifender – vor uns selbst! Was brauchen wir wirklich, damit unser Leben an Schwere verliert und an Schwung gewinnt? Als Erstes müssen wir verstehen, wie wichtig unsere Gefühle sind. Es ist wichtig[6] ...

... zu trauern, wenn etwas traurig ist.
... zu erkennen, warum die Traurigkeit nicht aufhört, wenn sie eigentlich lange genug gedauert hat.
... sich mit Inhalten zu befassen, die einen berühren.

... sich die untergeordnete Bedeutung von Besitz klarzumachen, was auch bedeuten kann, zu verzichten.
... sich die überragende Bedeutung der eigenen Gefühlswelt klarzumachen.
... auf seine eigenen Bedürfnisse zu hören und sie unter Achtung der eigenen Grenzen und der Grenzen anderer zu erfüllen.
... ab sofort so zu leben, dass man keine Phase seines jetzt beginnenden Lebens mehr bedauern wird.
... authentisch zu leben.
... Gnade mit sich selbst walten zu lassen und das Einfühlungsvermögen, das man für andere hat, endlich auch sich selbst zu schenken.
... Ansprüche zu stellen, statt sich selbst hintanzustellen.

Wenn du diese Liste in dir wirken lässt, überfordert sie dich vielleicht im ersten Moment. Dann lies sie ein zweites Mal. Vermutlich kannst du dann erkennen:

In deinem Leben geht es ausschließlich um Gefühle. Alles andere ist eine Form von Ablenkung vom Wesentlichen. Wenn du mit deiner Gefühlswelt im Reinen bist, bist du mit deinem Leben zufrieden und fühlst dich leicht und glücklich.

Danke!

Ab jetzt nehme ich euch ernst, sehr ernst.
Denn ich habe verstanden, welche Bedeutung ihr für mich habt. Ohne euch gäbe es mich nicht.
Ohne euch wäre mein Leben hohl, nichtssagend.
Ohne euch wäre es weder schwer noch leicht, weder traurig noch glücklich, weder aufregend noch ruhig.
Ohne euch wäre es wie ein Meer ohne Rauschen, die Luft ohne Wind, der Boden ohne Halt.
Es ist gut, dass es euch gibt.
Mit euch wurde ich erschaffen und ihr wurdet für mich geschaffen.
Ich werde mit euch meinen Weg gehen.
Danke, dass ihr da seid, meine Gefühle.
Ihr bestimmt mein Leben.

Alternativen gibt es immer

Es gibt wahr klingende Sprüche wie „Was einmal gedacht wurde, kann nicht zurückgenommen werden". Und seien wir ehrlich: Manchmal haben wir Gedanken, von denen wir nicht möchten, dass die anderen davon erfahren, und sind froh, dass wir sie niemals in Taten umgesetzt haben. Wir können unsere Gedanken nicht abstellen, allenfalls für wenige Momente. Dennoch sollten wir uns klarmachen, dass sie allein letztlich nichts bewirken. Nur wenn aus dem Gedanken eine Tat folgt, wirkt er. Diese Wirkung kann aber auch in uns selbst geschehen und muss nicht nach draußen dringen. Deshalb gilt für Gedanken:

Du kannst denken und fühlen, was immer du willst und zulässt. Aber tun solltest du nur das, was für dich richtig ist.

Insofern steht unser Tun immer über unseren Gedanken und Gefühlen. Und deshalb sind jene Gedanken besonders sinnvoll, die wir in sinnvolle Handlungen umsetzen können. Andere beschweren eher unser Leben. Paul von Heyse, der deutsche Schriftsteller und Literaturnobelpreisträger, sagte einmal: „Erdachtes mag zu denken geben, doch nur Erlebtes wird beleben."

Zwischen unseren Gedanken und unserem Erleben liegt die Entscheidung. Wenn wir uns das Wort genau anschauen, sehen wir, warum diese so wehtun kann: „Ent-Scheidung". Darin steckt immer die Scheidung, also eine Trennung, und damit ein Verzicht auf etwas, dem wir einen vermeintlich geringeren Wert zuweisen. Trotzdem:

Es ist dein Recht, dich zu entscheiden.

Wenn wir erwachsen werden, können wir über vieles selbst entscheiden, zum Beispiel wie und wo wir wohnen. Auch unseren Werdegang können wir aktiv gestalten. Diese Macht hat jedoch auch Grenzen. Sie werden durch viele Außenfaktoren wie Gesetze oder vorgeschriebene Abläufe festgelegt, ebenso durch persönliche Faktoren wie unsere Gesundheit. Doch innerhalb dieser oftmals recht weiten Grenzen kannst du tun und lassen, was du möchtest, solange du die Grenzen anderer respektierst:

Nur du selbst hast das Recht und die Pflicht zu entscheiden, was du tust und was du lässt. Das darfst du niemals an andere abgeben.

Das hindert dich nicht, dir wohlmeinende Ratschläge anzuhören, aber was du damit letztendlich tust, ist ganz deine Sache. Allerdings fällt es vielen Menschen schwer, sich zu entscheiden. Schließlich gibt es immer mindestens zwei Möglichkeiten. Es sind die Alternativen, die es uns schwer machen können. Doch auch wenn die Entscheidung auf der Hand liegt, fühlen wir uns in unserer Wahlfreiheit beschränkt. Ohne Alternativen erscheint uns unser Leben jedoch hoffnungslos und unerträglich schwer. Wenn dein Leben leichter werden soll, ist es wichtig, dass du zum Thema Entscheidungen eine erwachsene Haltung einnimmst: Denn eine (wirklich) erwachsene Person weiß, dass es immer Alternativen gibt. Es bedeutet die Übernahme einer kindlichen Sicht, wenn wir meinen, die Lage sei „alternativlos" und wir könnten nur so und nicht anders handeln oder etwas lösen. Auch kann ein Erwachsener auf etwas verzichten, wenn er sich für eine Variante entschieden hat. Er kann die Verantwortung für seine Entscheidungen übernehmen und bleibt nicht in der Idee stecken, was wäre, wenn er sich anders entschieden hätte.

Gerade wenn dir das Leben schwer vorkommt, hast du eine wichtige, vielleicht sogar die wichtigste Aufgabe: Setze dich hin und schaue in Ruhe, welche Alternative oder sogar Alternativen dir gegeben sind oder welche du dir schaffen kannst. Nutze diese Wahlfreiheit. Sowohl die Angst vor Alternativlosigkeit als auch die Furcht vor Entscheidungen machen unfrei und unglücklich. Deshalb merke dir:

Ein erwachsener Mensch sieht immer Alternativen. Wenn du sie erkennst, entscheide dich bewusst für eine und verzichte so darauf, dir alle Optionen offen halten zu wollen.

Es ist wichtig, sich bewusst von einigen Optionen zu verabschieden, die dich von deiner Entscheidung ablenken wollen. Dann fühlst du dich bald besser, klarer, erfolgreicher, dein Leben wird leichter. Es ist auch wichtig, sich bewusst zu sagen, dass außerhalb von einem selbst immer Alternativen existieren.

Die freie Wahl

Es gab eine Zeit in meinem Leben, in der mir klargemacht wurde:
So und nur so geht das.
So und nur so musst du das tun.
So und nur so mögen wir dich.
So und nur so kommst du weiter.
Alle in meiner Umgebung setzten darauf, dass ich ihnen glaube. Glaube, es gäbe nur einen Weg, es gäbe keine Alternative. Zumindest gäbe es nur einen Weg, der richtig ist.
Ich bin nun bereit, meinen Glauben zu überprüfen, und stelle fest:
Es gibt immer Alternativen im Leben. Das ist eine Grundlage des Daseins.
Da ich in vielen Polaritäten lebe, schaffen diese immer Alternativen zu dem, was ich im Moment vielleicht nur einseitig wahrnehmen kann.
Meine eine Aufgabe ist es zu erkennen, welche vielen, guten, aufbauenden Alternativen ich habe.
Meine andere Aufgabe ist, mich für wenige davon zu entscheiden.
Es gibt ein großes Spektrum und viel, viel mehr, als mir bisher weisgemacht wurde.
Ich werde wach und erkenne, in meinem Leben die Wahl zu haben.
Ich nehme die Wahl an.
Zur Wahl gehört, mich selbst für mich, so wie ich bin, zu entscheiden.
Meine wichtigste Aufgabe ist im Moment zu begreifen, zu mir selbst keine Alternative zu besitzen.

Sich entscheiden und frei sein

Wir Menschen haben uns in eine Art von Faust'schem Teufelspakt begeben. Der Preis für unser Hiersein ist die überall herrschende Polarität. Das klingt trockener, als es ist: Jeder kennt die unverrückbare und dennoch erschreckende Tatsache, dass kein Mensch nur lieb ist, sondern jeder auch immer böse zugleich. Das ist Polarität. Alle alltäglichen Wahrnehmungen zwingen uns nahezu, in Polaritäten zu denken: Schwarz und Weiß, heiß und kalt, oben und unten, Vergangenheit und Zukunft, Wachsein und Schlafen, Leben und Tod. Seien wir ehrlich – wir schaffen keinen Ausweg aus dem Zustand der Polaritäten. Unser gesamtes Leben ist danach ausgerichtet. Da gibt es die „Mannschaft" und die „Führungsriege", die linke und die rechte Partei, große Künstler und Banausen oder Trittbrettfahrer, Urlaub und Arbeit, Sauerstoff und Stickstoff, und so fort. Es gibt nichts, absolut nichts, das nicht zwei Seiten hat.

Dies stört uns besonders, wenn wir uns entscheiden müssen. Denn dann wollen wir uns am liebsten für das „Gute" und gegen das „Böse" entscheiden. Doch das gelingt aufgrund der Polarität in unserem Leben nie. Weil es immer die Gegenseite geben muss, können wir eine Person nicht ausschließlich lieben (ohne sie auch mal abzulehnen) oder ausschließlich Glück empfinden (ohne uns auch mal deprimiert zu fühlen). Stetes Glücksempfinden funktioniert nur, wenn wir die Instrumente der Verleugnung („Das war so nicht") und Verdrängung („Davon weiß ich nichts") anwenden. Das aber ist kein authentisches Leben.

Viele unserer Entscheidungen werden erschwert durch ein Dilemma, das entsteht, wenn beide Ziele grundsätzlich attraktiv und erstrebenswert sind. Es kann aber auch sein, dass wir uns deshalb nicht entscheiden können, weil beide zu wenig attraktiv sind. Manche kennen auch das Gefühl von Schuld, wenn sie sich

entscheiden – Schuld dem Abgelehnten gegenüber. Bei einem Dilemma geht es immer um zwei Alternativen und daher kommt auch das Wort „zwei-feln". Öfter mal zu zweifeln ist also Ausdruck unseres Lebens in Polaritäten. Wären wir eins und lebten in einer Einheit, gäbe es keine Alternativen und damit keine Zweifel. Aber auch keine Lebendigkeit. Alles in uns basiert auf Polaritäten, die Körperwärme, die Stoffwechselvorgänge ebenso wie alles, was wir durch unsere Sinnesorgane wahrnehmen.[7]
Kein Wunder, dass der Mensch sich nicht gern entscheidet. Aber: Genau damit nehmen wir uns die Leichtigkeit. Trotzdem hat sich der Mensch so einiges ausgedacht, um Entscheidungen auszuweichen. Gott wird beispielsweise immer wieder gern ins Feld geführt, wenn man eigenverantwortliche Entscheidungen umgehen will. Dann sagt man, man tue dies oder das, weil Gott das so will oder auch nicht will. Am einfachsten vermeidet man Entscheidungen jedoch, wenn man sich auf den Zufall oder das Schicksal zurückzieht: Mein Schicksal ist nun einmal so. Der Zufall wollte das so. Da kann man nichts machen. Ist das wirklich so?

Manche, die sich nicht entscheiden können (wollen), inszenieren geradezu ihr Leben in einer nach außen bemitleidenswerten Dramatik so, dass schließlich die Situation die Handlung vorgibt. Durch das ewige Warten und den Verzicht auf seine Wahlfreiheit entsteht jedoch Verantwortungslosigkeit für das eigene Leben. Oder sie entscheiden sich nicht für eine Frau oder einen Mann, weil ja eine andere viel Bessere oder ein anderer viel Besserer kommen könnten.

Eine weitere Methode, sich von seiner eigenen Verantwortung und Entscheidungsmacht abzulenken, sind sogenannte Sachzwänge. Ein alter Freund von mir, der nach Jahren Sendepause E-Mail-Kontakt mit mir aufnahm, beklagte sich: Nun seien seine beiden Töchter bald erwachsen und er habe fast nichts von ihnen mitbekommen, weil er immer habe arbeiten müssen. Ich schrieb ihm zurück, er solle nicht so lamentieren, es sei seine Entscheidung gewesen, Geld zu horten, statt sich Zeit für die Familie zu

nehmen und möglicherweise weniger zu verdienen. Es folgte eine bittersüße Rückmeldung mit dem Satz: „Es gibt ja schließlich Sachzwänge."
Aha. Was ist das denn, ein Sachzwang? Gezwungen werden können erwachsene Menschen eigentlich nur noch durch eine Situation, in die wir uns selbst gebracht haben, oder durch andere Menschen, die etwas wollen, was wir nicht möchten. Ein Beispiel für den Zwang durch eine selbst verursachte Situation wäre, allein in den Bergen gewandert und dann in einen Felsspalt gerutscht zu sein. Jetzt ist man gezwungen, auf Hilfe zu warten, die hoffentlich bald kommt. Der Zwang durch andere Menschen wird beispielsweise in der Folter auf die Spitze getrieben. Sie wurde erfunden, weil man gegen den Willen eines Menschen nichts tun kann. Man versucht ihn durch Folter zu brechen. Doch auch dies gelingt nur bedingt. Deshalb bin ich davon überzeugt:

Es gibt keine Sachzwänge. Diese werden vorgeschoben, um die Flucht vor der Eigenverantwortung zu verleugnen.

Es gibt immer Alternativen. Und wir haben Tag für Tag die Chance, uns selbst zu entscheiden. Natürlich kann man der Ansicht sein, die Sachzwänge seien so und nicht anders und die Lage alternativlos. Aber Personen, die so denken, wollen in der Regel einfach ihre erwachsene Eigenverantwortung nicht übernehmen, sondern sich gern als Opfer darstellen. Das können sie auch tun. Doch dann sollten sie akzeptieren, dass sie sich damit ihr Leben möglichst schwer machen. Wenn jemand dem anderen jedoch zugleich weismachen will, er könne nicht anders handeln, dann lügt er entweder sich selbst an oder den anderen oder beide.

Ein Gespräch

Ich will glücklich sein.
Dann musst du als einen möglichen Preis die Einsamkeit akzeptieren.
Ich will mich freuen können.
Gerne, dafür bekommst du die Nachdenklichkeit und Traurigkeit.
Ich will lieben und geliebt werden.
Das sollst du. Dafür musst du auch Angst aushalten können.
Ich will fleißig sein.
Sicher, dann musst du auch mal faul sein.
Ich will mich nicht entscheiden.
Den Wunsch kann ich dir nicht erfüllen.

Der Ursprung: Die eigene Kindheit ehrlich begreifen

Der Fingerabdruck der Vergangenheit

Wie man heute weiß, haben Störungen in der Schwangerschaft Auswirkungen auf das spätere Leben. Bereits ab der zwölften Schwangerschaftswoche beeinflusst mütterlicher Stress die Entwicklung des Ungeborenen negativ. Diese Auswirkungen können bei jungen Erwachsenen, also 20 Jahre später, noch nachgewiesen werden.[8] Sie haben ein erhöhtes Risiko für Depression, Bluthochdruck und Diabetes. Auch Verhaltensauffälligkeiten werden mit vorgeburtlichem Stress in Verbindung gebracht.

Was bringt uns diese Erkenntnis? Erst einmal nichts, denn die Zeit vor unserer Geburt können wir nun wirklich nicht mehr beeinflussen. Trotzdem ist es von hoher Bedeutung zu realisieren, was eigentlich los war in unserer Vergangenheit. Denn damit haben wir die Chance, mit dieser Prägung besser umzugehen oder sie loszulassen.

Dabei ist das Erkennen der erste Schritt. Im zweiten sollte man sich konstruktiv auf seine Situation einstellen und auf dieser Basis sein Leben so gut wie möglich gestalten. Dazu gehört es auch, Gnade mit sich selbst zu entwickeln.

Wie geht das? Vielleicht ist dir schon einmal aufgefallen, wie du dich verhältst, wenn ein Fremder seinen Kaffee über deinen Esstisch und die gute, weiße Tischdecke gießt. Er entschuldigt sich rasch und du sagst: „Ach, das macht doch nichts. Die musste ohnehin mal gewaschen werden." Und dann räumst du für den Fremden alles ab und deckst neu und sauber ein. Was aber tust du, wenn deinem eigenen Kind etwas Ähnliches passiert? Bist du dann ebenso gnädig? Oder wenn dir selbst ein solches Missgeschick geschieht? Vermutlich bist du leiser als deinem Kind gegenüber, aber innerlich schimpfst du wütend über dich. Gibt es einen vernünftigen Grund, Fremden gegenüber netter zu sein als den eigenen Kindern oder dir selbst gegenüber? Ich kenne keinen. Deshalb empfehle ich dir:

Beginne im Alltag, dich selbst zu würdigen und würdig zu behandeln.

„Nur wer erwachsen wird und ein Kind bleibt, ist ein Mensch", sagte einmal Erich Kästner. Ohne kindliche Vergangenheit gibt es uns als reife Erwachsene nicht. Selbst ein Neugeborenes hat schon eine neunmonatige Vergangenheit. Es ist pure Verleugnung zu meinen, man könne sich vollkommen von seiner Vergangenheit befreien. Darüber hinaus sind wir nur deshalb so, wie wir sind, weil es unsere Vergangenheit gab. Und das Ziel dieses Buches ist, dich selbst, so wie du bist (mit deiner Vergangenheit), glücklich werden zu lassen.

Es kann also nicht um ein Lossagen von der eigenen Geschichte gehen, sondern darum, wie wir das Gute aus dieser Zeit weiter nutzen und mit dem nicht so Guten umzugehen lernen. Es geht deshalb vorrangig um unsere Einstellung zum Geschehenen.

Unsere Gefühlswelt ist so etwas wie der Fingerabdruck unserer Vergangenheit. Unsere Gefühle nähren sich fast ausschließlich aus unserem Unbewussten und damit aus Inhalten, die wir selbst seit unserer frühesten Kindheit erlebt haben. Dadurch sind unsere „ach so klugen erwachsenen" Ideen, Meinungen und Taten vollgestopft mit zugrundeliegenden kindlichen Anteilen. Das erklärt viele Verhaltensweisen von uns.

Wer nicht ewig im Kindlichen gefangen bleiben möchte, dem sei gesagt: Es ist wichtig, einmal die Verzweiflung als Kind zuzulassen, sie zu spüren und darüber berechtigt traurig zu sein und auch zu weinen. In diesem Fall löst Weinen das, was wir als Kinder nicht zulassen wollten oder konnten und was uns damals nicht klar sein konnte. Es war schlimm. In diesem Satz steckt alle Wahrheit. Damit gibst du zu, was du gefühlt hast und dass es vorbei ist. Denn es heißt nicht: Es ist schlimm.

Die meisten Menschen haben bereits als Kinder unangenehme Erfahrungen machen müssen. Das Spektrum ist vielfältig, es reicht von Trennungserlebnissen über die Erfahrungen mit Sterbenden (Verwandten) oder eine eigene Nahtoderfahrung (Unfall, schwere Erkrankung) bis hin zum Missbrauch jedweder Form. Wer solches erleben musste, wird schwere Zeiten als Kind durchlebt und durchlitten haben. Aber sie oder er wurde erwachsen – und lebt noch immer. Die erste Botschaft, die in keiner Weise zynisch gemeint ist: Das Schlimme hat uns nicht umgebracht. Manche Seelen sind jedoch massiv in der Eigenentwicklung beeinflusst, fehlgelenkt oder geschwächt worden. Wer dieses fühlt, kann sich und sollte sich helfen lassen.

Die Sache mit der absolut glücklichen Kindheit ist letztlich eine Mär. Wir erinnern uns nun einmal am liebsten an die schönen Stunden. Außerdem war als Kind jedes Gefühl viel direkter, echter, ehrlicher als heute. Erst wenn wir wieder wie ein Kind fühlen, können wir die Bedeutung und Heftigkeit, ja die Unbedingtheit der Gefühle damals erahnen. Aber selbst dann haben wir heute unser ausgereiftes, erwachsenes Repertoire der Steuerungsmittel zur Verfügung, die unangenehmen Empfindungen schnell wieder zu verscheuchen. Damit meine ich den Willen, die Verleugnung, Ablenkungen und anderes. Das Bild vom ewigen Kinderglück müssen wir also rückblickend differenziert betrachten. Denn in der Kindheit sind wir völlig abhängig von anderen, erleben Gefühle viel stärker und müssen das meiste noch mühsam lernen, auch wenn wir den Sinn nicht immer erkennen können. In der Jugend erleben wir eine Zeit der völligen Unsicherheit und der großen Verabschiedung weg vom eigenen Kindsein hin zu einem merkwürdigen Zwischenzustand namens Pubertät, in der wir vieles – manchmal auch uns selbst – nicht verstehen können. Diese Auflistung ist vereinfachend, aber sie zeigt, dass Kindheit immer bedeutet: glückliche und weniger glückliche Momente.

Das Leben heilt alles im Leben

Heilt Zeit Wunden?
Heilt die Liebe den Verlust oder den Schmerz?
Heil werden kann ich in mir und nur dort.
Wenn ich meine Heilung außerhalb von mir suche, wird sie auch außerhalb von mir bleiben.
Ich muss nicht in alles dringen und alles verstehen, aber ich sollte mich, so wie ich bin, annehmen, selbst wenn ich nicht alles von mir weiß.
Ich habe verstanden, wenn ich alles analysieren will, muss ich alles festhalten. Dazu besteht aber kein Anlass. Was war, darf gehen, und was vom Geschehenen in mir ist, darf bleiben.
Das, was in mir ist, ist das Leben selbst.
Ich wende mich ab jetzt vertrauensvoll an das Leben in mir.
Es gab mir bisher die Kraft und wird es auch weiter tun.
Dessen kann ich mir sicher sein.
Mein Leben liebt es, bei mir zu sein. Liebe ich es dafür ebenfalls, gehen wir eine wundervolle Beziehung miteinander ein.
An dieser kann alles heilen.
Weil es mein Leben gibt, ist es nicht so wichtig, woher etwas kommt.
Denn das Leben gibt mir die Kraft, aus dem, was ist, etwas Gutes zu gestalten.
Meine Freiheit ist, meinen eigenen Weg immer heiler zu gehen.

Glücklich oder schlimm?

Damit die Zukunft befreit beginnen kann, muss man sich mit seiner Vergangenheit aussöhnen. Beim Thema Kindheit geht es bei vielen eben auch um weniger Gutes aus dieser Zeit. Der Satz dazu lautet oft:

Weil ich eine schlimme Kindheit hatte ...

Dieser kurze Satz basiert auf unterschiedlichen Erfahrungen wie beispielsweise der Konfrontation mit dem Tod oder der Erfahrung eines Missbrauchs, der neben dem sexuellen auch seelischen und sonstigen körperlichen Missbrauch einschließt. Es gibt noch viele andere Gründe, warum man sich an eine wenig gute Kindheit erinnert.

So ungern wir es hören: Solche Verletzungen wirken sich in unserer Entwicklung stark aus. Wie das geht, sei am Beispiel eines Sonnenbades am Strand erklärt: Wenn wir uns mit Sonnenschutzmittel eingecremt haben, ist das Baden im Meer und das Relaxen am Strand wohltuend, leicht und angenehm. Es führt zu keiner Lernerfahrung, außer dem Wunsch, immer so zu leben. Aber der gleiche Aufenthalt am Strand ohne UV-Schutz führt zu ganz anderen Ergebnissen: Über den widerlichen, piekenden und schmerzenden Sonnenbrand lernen wir, dass wir uns vor der Sonne schützen müssen.

Wir lernen fast ausschließlich am eigenen Leid, am Schmerz, der Verwundung, Verletzung, der Mühe, der Sorge, der Traurigkeit und so fort. Fast nichts, das wir als angenehm oder positiv werten würden, führt uns zu einer bleibenden oder sinnvollen Lernerfahrung, bestenfalls zu einer guten Erinnerung. Im Gegenteil, je länger etwas gut geht (tatsächlich oder vermeintlich), umso weniger werden und wollen wir Gefahren sehen.

Schau dir also noch einmal den Satz an: „Weil ich eine schwere Kindheit hatte ..." Wenn er so gar nichts mit dir zu tun hat, ist es gut. Wenn doch, magst du ihn vielleicht auf einem Blatt Papier ergänzen: Was alles kreidest du deiner Kindheit an? Vielleicht kommen dir Inhalte in den Sinn wie:

Weil ich eine schwere Kindheit hatte,
... war ich nie erfolgreich.
... konnte ich nicht erwachsen werden.
... habe ich noch heute zu leiden.
... kann ich mich als Mensch nicht lieben.
... bin ich allein geblieben.

Die möglichen Ergänzungen sind unendlich vielfältig. Alle sind wahr. Doch so schlimm sie sind, schlimmer wäre es, wenn wir bei diesen Feststellungen stehen bleiben würden. Denn dann manövrieren wir uns selbst ins Abseits des eigenen Lebens. Wäre es nicht viel besser, den Satz ein kleines bisschen umzuformulieren? Dann hieße er:

Obwohl ich eine schlimme Kindheit hatte ...

Die Vervollständigungen dieses Satzes klingen allesamt besser, optimistisch, weiterführend:
... vertraue ich mir selbst.
... vertraue ich dem Leben.
... vertraue ich anderen.
... darf ich glücklich sein.
... ist aus mir eine tolle Frau/ein toller Mann geworden.
... bin ich erfolgreich.
... ermögliche ich meinen eigenen Kindern ein besseres Heranwachsen.

In diesem Zusammenhang möchte ich dir eine kleine Übung empfehlen. Ergänze für dich den Satz „Obwohl ich eine schlimme Kindheit hatte ..." in positiver Weise und finde mindestens zehn Aussagen, die auf dich zutreffen. Tue dies auch, wenn du eine wirklich glückliche Kindheit hattest. Wozu? Weil du dir dann darüber klar werden kannst, dass das Wenigste, was in deiner Zukunft auf dich wartet, mit deiner Vergangenheit in einem direkten Zusammenhang steht. Haben nur schlimme Erlebnisse Auswirkungen im Erwachsenenalter? Nein, ganz sicher nicht. Ohnehin können wir die Beurteilung, ob etwas subjektiv schlimm oder nicht schlimm war, nicht für andere treffen. Dafür ist ausschließlich das persönliche Empfinden entscheidend. Deshalb merke dir:

· *Wir sind nicht einfach so in der Lage, die Bedeutung von vergangenen Geschehnissen richtig einzustufen.*
· *Wir sind nicht einfach so in der Lage, die doch vorgenommene Einstufung kritisch zu hinterfragen. Etwas, das wir persönlich in der Kindheit als handhabbar empfunden haben, kann furchtbare Auswirkungen gehabt haben.*
· *Etwas, das für uns damals fast unerträglich war, kann eine weniger schlimme Dauerwirkung verursacht haben.*
· *Wir können keinen einigermaßen objektiven Bezug zu unserer eigenen Vergangenheit herstellen: Was wir erinnern, ist immer subjektiv – und was wir daraus machen, noch mehr.*

Wir können die Bedeutung unserer Vorgeschichte bei Weitem nicht vollständig verstehen. Deshalb sollten wir das, was geschehen ist, mit einer großen Ehrfurcht betrachten. Es ist ein Schatz, der in uns ruht.

Du kannst aus deiner Vergangenheit nicht alles begreifen, aber du kannst deinen Frieden mit ihr machen. Akzeptiere sie so, wie sie für dich war, dann kannst du sie loslassen.

Unsere Vergangenheit wird in diesem Sinn ein Geheimnis bleiben, das unsere interessante Vielfalt mitbegründet. Es ist völlig nutzlos und ohne Sinn, alles aus der Kindheit verstehen oder wissen zu wollen. Schenken wir uns so etwas wie einen Frieden mit dem, was war, im Wissen, dass viel mehr war, als wir jemals erinnern werden.

Was können wir aus unserer Vergangenheit lernen? Nichts und alles, und das ist nicht zynisch gemeint. Wenn wir wesentliche Erinnerungen nicht mehr haben, besteht das Risiko, sich aus den Lücken ein Bild zusammenzuschustern, welches mit der Realität gar nichts zu tun hat. Die Frage ist nicht, ob die Kindheit glücklich war oder nicht, sondern was wir heute daraus machen, denn sie ist der maßgebliche Schrittmacher für viele Entwicklungen, die erst viel später ablaufen oder offenkundig werden.

Wenn du nach wie vor Groll in dir spüren solltest, kannst du all das, was dich aus der Kindheit belastet, auch aufschreiben. Bewahre es dann eine gewisse Zeit auf, aber nicht zu lange. Wenn dir dein Gefühl sagt, dass du dir das klargemacht hast, dann weißt du es ja. Hast du es wirklich begriffen? Dann hast du nur noch eines zu tun: Nimm deine Aufzeichnungen, entzünde draußen ein Feuer und verbrenne alles, was du notiert hast. Vertraue es den Flammen an. Denn was du akzeptiert hast, kannst du loslassen.

Ich bin die Summe von allem

Als ich zur Welt kam, war ich bereits ich. Kein ungeformtes Häuflein, sondern der klare, festgelegte Kern meiner Person. So kam ich hier an und so trat ich auf. Fertig war ich damals nicht, aber viel mehr als ein roher Edelstein. Ich war bereits ein geschliffener Diamant, dem nur die Fassung, der Halt, noch fehlte.

So gab es vieles auf meinem Weg bis heute, das mich gefasst hat. Einiges davon war sinnlos wie ein hartes, unnachgiebiges Metall, das mit mir nichts zu tun hatte. Vieles war gut, wie Gold, das zu mir passte, weil es weich ist. Dennoch, alles hat mit mir zu tun gehabt und alles hat zu meiner heutigen Haltung beigetragen.

Weil ich auch weniger Gutes in meiner Kindheit erleben musste, bin ich heute so, wie ich bin. Wer weiß, vielleicht bin ich gerade deshalb so empfindsam, so weich, mit so rascher Auffassungsgabe, so menschlich. Der Preis war ein hoher. Aber ihm steht mein Gewinn gegenüber. Ich habe ein Recht, mich heute um den Gewinn zu kümmern und den Preis bewusst und zugleich gezielt zu verabschieden. Ich habe ihn gezahlt, aber ich werde nicht mehr weiter dafür zahlen, was andere mit mir machten. Unabhängig davon, mit welcher Absicht sie es taten.

Heute ist mir klar, auch wenn nicht alles in meiner Kindheit gut war, gibt es mich noch immer. Mir ist auch klar, weil es weniger Gutes gab, bin ich heute so, wie ich bin: einmalig, facettenreich, gereift.

Es spielt heute keine Rolle, ob meine Kindheit tatsächlich glücklich war oder nur in meiner Erinnerung.

Genauso wenig spielt heute eine Rolle, ob sie schlimm war.

Vom Drama zur Stärke

Der Facettenreichtum des Lebens fängt nicht mit dem Erwachsenenalter an, er strömt auf uns ab der ersten Lebensminute ein – und entsprechend verschiedene Gefühle und Zeiten erlebt jeder ab seiner Geburt. Warum kannst du heute laufen? Weil du es als kleines Kind gelernt hast. Warum kannst du heute fühlen? Weil du deine Gefühle trainiert hast, von Anbeginn. Es gibt keine Fähigkeit, absolut keine, die sich nicht bis in unsere erste Zeit auf der Erde zurückverfolgen ließe.

Ohne das Lernen und die Erfahrungen seit deinem ersten Atemzug kannst du als Erwachsener nicht leben: Alles Wichtige hat seinen Ursprung in deiner Kindheit. Alles Gute und alles weniger Gute.

Denken wir an unser Immunsystem. Worauf basiert dessen Fähigkeit, den Angriff von Masernviren abzuwehren, wenn wir als Kind Masern hatten? Das liegt an seiner Fähigkeit, sich lebenslang zu erinnern. Das, was die Killerzellen im Blut leisten, kann auch die Seele: Sie vergisst nie. Und sie arbeitet genauso wie die Infektionsbekämpfer. Still, leise, unbemerkt. Insbesondere aber: effektiv.

Was eint Celine Dion und den Ex-Bundeskanzler Gerhard Schröder und beide mit Anne-Sophie Mutter, der Weltklassegeigerin? Alle drei legten die Basis für ihre Karriere in früher Kindheit. Die eine sang und tanzte bereits als Fünfjährige im Lokal ihrer Eltern, der andere spielte Fußball und lernte dabei, wie eine Gruppe funktioniert und wie man darin zur Nummer eins wird, und Mutter bekam bereits mit fünf Jahren Geigenunterricht. Das Erbe unserer Kindheit kann also gut bis ins Erwachsenenalter verfolgt werden. Das gilt für jeden, selbst wenn es nicht zu einer Weltkarriere führt.

Wer ein Kind genau versteht, kann ebenso verstehen, weshalb es sich als Erwachsener so und nicht anders verhält. Gerade für Führungspersonen ist das in vielen Studien herausgearbeitet: Weit überdurchschnittlich viele von ihnen waren in der Kindheit oder Jugendzeit bereits die „Leader" in einer Gruppe (Sport, Freizeit, Politik etc.). Wenn du hinter deine eigenen Kulissen schaust, dann wirst du vielleicht erstaunt sein, weil der Grundstein deiner heutigen Stärken in deiner Kindheit gelegt wurde. Ein Beispiel: Timo war der älteste von vier Geschwistern und die Eltern waren beide berufstätig. Als Timos jüngstes Geschwisterchen gerade mal zwei Jahre war, war er selbst erst sieben. Aber seine Mutter, eine Krankenschwester, ging wieder in die Klinik. Er erinnert sich noch heute, wie stark es ihn überforderte, in diesen jungen Jahren der Aufpasser für drei jüngere Geschwister zu sein. Gesagt hat er damals nichts, auch aus der kindlichen Angst heraus, sonst die Liebe der Mutter zu verlieren. Vielleicht ehrte es ihn insgeheim auch, dass ihm diese Verantwortung zugetraut wurde. Das ist wichtig, weil wir daran erkennen können, dass bereits in der Kindheit aus noch so unschönen Situationen Gewinne für das „Opfer" entstehen können. Timos Preis war seine Angst, allein und völlig überfordert zu sein. Sein Gewinn war, sich viel älter und reifer fühlen zu können – und natürlich auch, eine gewisse Macht über die drei Geschwister zu haben.

Mit seiner Angst ging Timo so um, wie man als Mensch mit Ängsten umgeht: Er missachtete sie, schob sie weg, wollte sie nicht wahrhaben. Er verleugnete und verdrängte sie. Mit 41 Jahren bekam er eine Angsterkrankung, die nach drei Jahren Psychotherapie besänftigt war. In dieser Zeit wurde ihm die Bedeutung seiner Kindheit bewusst – und auch, wie er als Erwachsener damit umgehen kann. Heute ist Timo im höheren Management eines Softwarekonzerns. Besonders seine einfühlsame Teamfähigkeit wird von seinen Mitarbeitern gelobt. Du siehst:

Die Schwere der Kindheit wird zur Stärke als Erwachsener, wenn man daran reift.

Wenn es zu schwer war, wird jedoch diese Belastung der Kindheit eher im Erwachsenenleben fortbestehen und dann an die Türe des Bewusstseins klopfen. So erging es Henry: Er ist heute ein erfolgreicher Geschäftsmann, selbstständig in der Pharmabranche. Er fühlt sich seit einiger Zeit nicht mehr wohl, schwer, belastet. Er trägt auch eine besondere Last mit sich, nur dass er um den Zusammenhang zwischen damals und heute noch nicht genug weiß. Als er fünf Jahre war, ging er in den Kindergarten. Die Kinder spielten dort in Gruppen und er war der Anführer einer Jungenclique. Eines Tages kamen sie auf die Idee, zwischen zwei Bäume ein dickes Tau zu spannen und in einiger Höhe darüber zu balancieren. Gesagt, getan. Die Kindergärtnerin passte nicht auf und die Jungs befestigten irgendwie das Seil. Da Henry die Gruppe anführte, sollte er als Erster darüber gehen. Er hatte Angst, aber um seine Führungsrolle nicht zu gefährden, tat er, als mache es ihm nichts, als würde er es täglich mit viel Gefährlicherem aufnehmen. Heute erinnert er sich noch, wie er den einen Baum hochkletterte und sich auf den Weg machte. Die Jungs vergaßen ihn anzufeuern, so gespannt waren sie, ob Henry es schaffen würde. Er hatte sich wohl erst wenige Schritte vorangetastet, da geschah es, er rutschte aus und fiel auf den Boden. Leider lag genau dort, wo er mit seinem Kopf aufkam, ein unter dem Gras verborgener Stein. Henry war sofort bewusstlos, er wachte erst einige Zeit später nach einer Operation wieder auf, bei der ihm ein Blutgerinnsel aus dem Kopf entfernt werden musste. Die Wochen danach waren furchtbar für ihn, denn er musste nach einer Teillähmung wieder lernen, seine rechte Hand zu bewegen. Heute ist davon äußerlich nichts geblieben, selbst die OP-Narbe ist unter seinem dichten Haar verschwunden. Henry erlebte etwas Schlimmes und empfand es auch so. Erst langsam verstand er als Erwachsener, dass sein damaliger Sturz mit seiner heutigen Depression zusammenhängt.
Oder das Beispiel von Tatjana: Sie ist heute Hausfrau und Mutter, nebenberuflich verdient sie einiges dazu, indem sie Nachhilfe in drei verschiedenen Fremdsprachen gibt. Sie meint, rundum zufrieden zu sein. Merkwürdig, dass sie trotzdem eine Beratung

aufsucht. Auch Tatjana trägt eine schwere Last in sich. Sie stammt aus einfachen Verhältnissen, wie man so sagt. Ihr Vater betrieb eine kleine Landwirtschaft, von der die Familie nicht leben konnte. Deshalb ging ihre Mutter täglich als Verkäuferin in den kleinen Supermarkt im Nachbarort arbeiten. Tatjana erinnert sich gut, wie sie sich damals gefühlt hat. Sie hielt es kaum alleine aus zu Hause. Irgendwann verstand sie, dass ihre Mutter zu Hause blieb, wenn Tatjana krank war. Dann bemerkte sie, dass es dazu bereits ausreichte, zu erbrechen. Das tat sie deshalb eifrig und hielt ihre Mutter so bei sich. Heute weiß sie nicht mehr, ob sie das Erbrechen aktiv auslöste. Sie meint, ihr sei einfach nur übel geworden vor Angst, allein zu sein. Eines Tages, es war ein Sonntag, war sie bei den Großeltern. Sie weiß nicht mehr, weshalb ihre Eltern nicht dabei waren. Auf einmal kam ein Anruf, die Oma ging ans Telefon, kam erschüttert zurück und sagte mehr zu sich selbst als zu Tatjana: „Deine Eltern sind mit dem Auto verunglückt. Es heißt, sie sind tot."

Tatjana meint heute dazu, sie habe sich damals bei den Großeltern umgehend überlegt, bei wem sie ab jetzt wohnen und wer sie aufziehen würde. Sie habe sich damit getröstet, nun zur Patentante Änne zu kommen, und mit der habe sie sich immer gut verstanden. Passt diese Reaktion zu ihrer früheren Angst, ohne ihre Mutter zu Hause zu bleiben? Nein, sie passt nicht. Tatjana war mit Sicherheit so sehr erschüttert, dass sie sich einredete, es ginge auch ohne die Eltern gut weiter, eben mit der Tante Änne. Sie machte aus etwas unvorstellbar Schwerem etwas scheinbar Leichtes.

Tatjanas Eltern wurden übrigens beide schwer verletzt und blieben lange Zeit im Krankenhaus, aber sie leben beide noch heute ohne Spätschäden. Wie geht es Tatjana mit dem Schrecken, den sie erleben musste? Sie findet es noch immer nicht so schlimm. Selbst der eben beschriebene Widerspruch zwischen der Angst vor der Trennung von ihrer Mutter und der Reaktion auf den Unfall ist ihr zunächst nicht klar. Im Laufe der Beratung wird ihr jedoch immer bewusster, welche Last sie in sich trägt – und auch, dass diese Art der Verleugnung und Verdrängung von Angst und

Traurigkeit bis in ihr heutiges Leben hineinreicht. Denn Tatjana ist alles andere als zufrieden. Sie fühlt sich ihrer Situation und ihrem Mann gegenüber ausgeliefert, so wie damals. Sie ist uns ein Beispiel dafür, dass es schlimme Erlebnisse in der Vergangenheit gibt, deren Bedeutung wir nicht wahrhaben möchten, weil wir sonst nicht weiterleben könnten.

Wer durch das Drama seiner Kindheit das Wesentliche begriffen hat und es loslassen konnte, dem wird es zur Stärke werden. Wer weiter daran festhält und damit hadert, wird die darin steckende Chance und Kraft nicht gänzlich nutzen können. Begreifen und loslassen – wieder einmal gilt dies.

Meine Geheimnisse sind ein Teil meines Schatzes

Es war einmal – so fangen Märchen an.
Vieles, das einmal war, nutze ich noch heute – auch wenn es kein Märchen war.
Vieles, das einmal war, führt zu meinen heutigen Stärken.
Vieles, das einmal war, besteht insofern noch heute. Es ist nicht vorbei, weil es keinen Ausschalter für meine eigene Vergangenheit gibt.
Vielleicht träume ich von einem solchen Schalter. Aber was wäre dann?
Wäre ich dann so wie ich heute bin?
Es ist wohl sinnvoller, mich mit allem anzunehmen. Und zu allem gehört auch das, was war.
Es ist wohl sinnvoller, zu schauen, was ich heute noch aus meinen Kinderzeiten nutze. Und dazu gehören viele meiner Stärken. Das Fundament für sie habe ich damals gelegt.
Ich kann stolz auf mich sein, so weit gekommen zu sein. Und dazu gehört ganz Anderes als Geld oder Status.
Wäre es nicht sinnvoller, mehr von mir verstehen zu wollen? Denn so kann ich eins werden mit mir.
Meine Aufgabe ist eben auch, an mir selbst zu arbeiten.
Das schenkt mir Kraft und Zuversicht.

Mutterliebe

Wer als Erwachsener immer wieder Beziehungsprobleme hat, wird die Ursachen hierfür in seiner frühesten Kindheit finden: in der Beziehung zwischen Kind und Mutter (oder einer Person, die diese Rolle übernimmt).

Vielleicht magst du dir selbst einmal die Frage beantworten, ob du glaubst, dass es eine Mutter geben kann, die ihr Kind nicht liebt – oder auch einen Vater, der das nicht kann. Bevor du weiterliest, denke bitte erst einmal darüber nach.

Wenn du zu einem Schluss gekommen bist, lautet der möglicherweise: „Ja, Väter, die ihre Kinder nicht lieben, kann es geben. Das liegt in der Biologie der Sache." In Bezug auf die Mutterliebe denkst du vermutlich, dass sie eher eine sehr sichere Sache sei und eine lieblose Mutter höchst unwahrscheinlich. Vermutlich glaubst du, die Schwangerschaft und die Geburt schweißen Mutter und Kind natürlicherweise zusammen. Irgendwie hofft und glaubt der Mensch, jede Mutter müsse ihre Kinder lieben. Er hofft es für sich selbst. Das ist aber nicht der Fall. Wer Menschen berät, denen es nicht gut geht, erfährt, wie oft es vorkommt, dass Mütter ihre Kinder nicht lieben; zumindest nicht in der Weise, wie es die Kinder brauchen. Bist du schockiert von dieser Tatsache? Je stärker dich dieser Gedanke bewegt, umso höher mag die Wahrscheinlichkeit sein, dass du selbst ein ungeliebtes Kind warst.

Mütter, die ihre Kinder nicht lieben, tun dies meist nicht, weil sie sich aktiv so entscheiden oder weil sie bösartig sind. Meistens steckt dahinter, dass sie selbst keine oder zu wenig Liebe von ihrer eigenen Mutter bekommen haben. Es ist also eine unbewusste und auch ungewollte Wiederholung dessen, was sie selbst erlebt haben. Die Erfahrung zeigt: Es ist für uns fast nicht auszuhalten, von der Mutter nicht oder nur für irgendetwas geliebt zu werden, zum Beispiel für gute Leistungen, dafür, dass wir immer das anziehen, was die Mutter möchte, oder dass wir immer lieb sind.

> Menschen wollen unbedingt von ihrer Mutter (und natürlich auch von ihrem Vater) geliebt werden. Wenn dies nicht geschah, spüren sie eine fast unstillbare Sehnsucht und eine tiefe, oft über lange Zeit nicht verstandene Traurigkeit.

Die bedingungslose Liebe der wesentlichen Bezugsperson ist das Kernelement einer gesunden seelischen Entwicklungschance. Wer diese Liebe nicht spüren konnte, hat ein Defizit, das wie eine Narbe auch im Erwachsenenalter sichtbar ist. Die Enttäuschung über die fehlende oder zu geringe Liebe der Mutter oder des Vaters wirkt fundamental. Darüber können die vermeintlich positiven, „glücklichen" Momente der Kindheit nicht hinwegtrösten. Es ist überaus bedeutsam, diese dauerhaft wirksame Enttäuschung im Leben ehrlich zu betrachten. Sonst kann es passieren, dass sich das ganze Leben schwer anfühlt, obwohl es scheinbar keinen Grund dafür gibt. Manche Menschen werden depressiv – eine Art Abwehrreaktion auf die unerträgliche Enttäuschung.

Fehlende Mutterliebe beziehungsweise Vaterliebe ist also ein Hindernis auf dem Weg zum leichten Leben. Nach meiner Erfahrung eines der schwersten Hindernisse überhaupt, das sich einem Menschen in den Weg seiner eigenen Entwicklung stellen kann. Aber es ist keine unüberwindbare Blockade!

Man kann damit beginnen, dass man ehrlich betrachtet, wie die eigenen Eltern tatsächlich zu einem standen – ohne dies sofort mit erklärenden Entschuldigungen zu beschönigen. Übrigens: Du darfst deine Mutter und deinen Vater immer lieben, voll und ganz. Das ist vollkommen unabhängig davon, ob sie dir das gaben, was du gebraucht hättest. Denn deine Liebe ist keine Gegenleistung, kein Dankeschön, sondern dein ganz eigenes Gefühl, geboren aus deinem Innersten. Unsere Aufgabe als Erwachsener ist es, uns selbst so zu lieben, wie wir das gern von unserer Mutter und unserem Vater gehabt hätten.

Der notwendige Verrat

Es gibt eine Vielzahl von schädlichen Botschaften, die Eltern ihren Kindern mit auf den Lebensweg geben. Sie formulierten sie vielleicht sogar in wohlwollender Absicht, aber sie beeinflussen unser Leben eher im Negativen. Vielleicht kennst du den Klassiker unter diesen Sätzen: „Wir wollen, dass du es besser hast als wir!" Das heißt, dass es unseren Eltern nicht gut genug ging. Sonst hätten sie dem Kind ja nicht etwas Besseres gewünscht. Er spiegelt also die Unzufriedenheit der Eltern mit ihrer Situation und damit auch mit dem, was uns selbst umgab. Wer diesen oder einen ähnlichen Satz immer wieder einmal hören durfte, musste sich als Kind zweierlei sagen: 1. Uns allen geht es nicht gut oder nicht gut genug. 2. Meine Eltern sind unzufrieden damit, wie es ist.
Diese Botschaften sind bereits problematisch. Dazu kommt: Ein Kind ist fast nie unzufrieden mit seinen Lebensumständen – es kennt sie ja nicht anders und ohnehin sind andere Inhalte viel wichtiger, zum Beispiel die Liebe der Eltern oder die Geborgenheit der Familie. Letztlich wird mit diesem Satz dem Kind auch gesagt: „Du fühlst dich gut und das ist nicht richtig. Du nimmst die Situation nicht richtig wahr!" Daraus ergibt sich mit der Zeit ein riesiges Problem, denn das Kind wird an seiner eigenen Wahrnehmung zweifeln und orientiert sich fortan an „Normwerten" und „Normbefindlichkeiten", die es ursprünglich gar nicht hatte. Es wird selbst die Ansicht bekommen: So wie es ist, ist es nicht gut genug. Diese Einstellung fördert den Materialismus und das Konsumverhalten. Das Kind wird zeitlebens nach mehr, mehr, mehr streben.
Der direkte Einfluss der Eltern wird mit der Zeit weniger. Doch ihr Vorbild, ihre Erziehung und das Weltbild, das sie vermittelten, können in einem Menschen weiterwirken. Dennoch schaffen es viele, sich von diesem Erbe zu befreien, was der Leichtigkeit im Leben einen heftigen Aufschwung verleiht. Wer sich dagegen

auch noch als Erwachsener immer wieder fragt, ob dies oder jenes, was man gerade tut, den Eltern gefallen würde, der kann ihnen dafür keine Schuld mehr geben. Denn irgendwann sollte Schluss sein mit dem Streben nach der Genehmigung der Eltern. Dafür ist jeder Mensch selbst verantwortlich. Vielleicht hilft dir die folgende Anregung, das Elternerbe hinter dir zu lassen:

Du darfst deine Entscheidungen allein treffen. Erst recht musst du dich vor niemandem dafür rechtfertigen, zu leben und zu sein, wie du bist.

Unsere Eltern führen uns immer nur bis zu einer bestimmten Stelle. Ab dieser sind wir für uns selbst verantwortlich. Die großen Chancen, die in dieser Freiheit liegen, sollten wir nutzen. Wir können unseren Lebensweg selbst bestimmen. Gehen, wohin wir wollen. Daraus ergibt sich: Es gibt keine Entschuldigungen mehr dafür, dass du lebst und bist, wie du bist.

Wer jedoch auch als Erwachsener noch nach der Liebe der Mutter strebt oder sich dafür schämt, wie er leben möchte, begibt sich in ein selbst gewähltes Gefängnis. Dann fehlt die Leichtigkeit im Leben. Im Gefängnis ist es nun mal schwer, sich frei zu fühlen. Der polnische Journalist und Schriftsteller Andrzej Stasiuk sagte dazu einmal: „Wenn du frei sein willst, musst du einen Verrat begehen, was deine Kindheit, dein Elternhaus ausmachte."

Verrat ist natürlich ein hartes Wort, aber so empfinden wir es unbewusst. Die Loyalität den Eltern und auch deren Weltbild gegenüber („Was die Mama damals sagte, das stimmt") kennt bei manchen kaum Grenzen. Um als Erwachsener frei und leicht zu leben, muss dieser Teil der Kindheit tatsächlich aufgegeben werden. Leichtigkeit hat viel mit Freiheit zu tun und diese ist immer zuerst die Freiheit in einem selbst.

Hast du jemals mit deinen Eltern eine direkte oder auch nur eine implizite Vereinbarung darüber getroffen, dass sie immer recht haben, eine nicht zu hinterfragende Weltsicht besitzen und ohne-

hin alles richtig machen? Nein, das hast du nicht! Es kann gar keinen Verrat an den Eltern geben, weil das Verhältnis, welches du als Kind zu ihnen hattest, ein komplett asymmetrisches war. Die Eltern waren die Großen und du warst die oder der Kleine. Damit kann eine Vereinbarung auf Augenhöhe nicht stattgefunden haben und deshalb kann es heute auch keinen Verrat geben.
So schlicht das klingen mag, so weitreichend sind die Folgen dieser Feststellung: Immer dann, wenn du das Gefühl hast, was du tust, passt deinen Eltern nicht (selbst wenn diese schon tot sein sollten), sage dir in Zukunft den Lösungssatz:

Ich bin nicht auf der Erde, um eure Erwartungen zu erfüllen. Ich bin verantwortlich für meine Meinung, meine Weltsicht und mein Handeln. Ich lasse euch (Eltern) eure und ihr lasst mir ab sofort meine.

Die Liebe in mir selbst

Es tut mir gut, in den Arm genommen zu werden.
Es erleichtert mich, dem anderen voll vertrauen zu können.
Ich bin froh, wenn ich so, wie ich bin, angenommen werde.
Ich bin glücklich, Liebe spüren und geben zu können.
Vielleicht war dies nicht immer so in meinem Leben.
Auf meine Entscheidung, wie ich heute zu mir selbst stehe, hat das keinen Einfluss.
Ich werde der Vergangenheit die Berechtigung vorenthalten, über mein heutiges Leben einfach so zu verfügen.
Ich erlaube mir ab jetzt, mich selbst in den Arm zu nehmen.
Ich bin froh, mir selbst voll vertrauen zu können.
Ich darf mich so, wie ich bin, annehmen.
Ich freue mich, meine eigene Liebe zu spüren und mir selbst geben zu können.

Die Kraft:
Eigene Muster erkennen und bewältigen

Wie wir uns selbst antreiben

In seinem Bestseller „Die Kunst des klugen Handelns" beschreibt Rolf Dobelli den schwedischen Opernsänger Friedrich Jürgenson, der 1957 ein Tonbandgerät kaufte, um seinen Gesang aufzuzeichnen.[9] Beim Abspielen hörte er immer wieder Geräusche, die er nicht zuordnen konnte. Zunächst hielt er sie für Botschaften von Außerirdischen, dann hörte er die Stimme seiner verstorbenen Mutter. Letztlich irrte er sich mit beiden Vermutungen. Es handelte sich um eine Illusion. Dieses Phänomen wird Clustering-Illusion genannt. Unser Gehirn nutzt alle unsere Sinnesorgane, um zwischen Bekanntem und Unbekanntem zu unterscheiden. Das ist überlebensnotwendig. Der schwedische Opernsänger vertraute zum Beispiel seinem Gehör. Und wir alle kennen visuelle Illusionen: Viele werden schon einmal einen Menschen auf der Straße wiedererkannt haben, um dann festzustellen, dass der warmherzig umarmte ältere Herr oder die angestrahlte Schönheit weder der eigene Opa noch die erste Freundin waren. Als überzeugter Ex-Arzt rieche ich immer wieder den Geruch des ersten Krankenhauses, in dem ich als Krankenpfleger-Praktikant tätig war. Auch unser Geschmack versucht, sich an bekannten Mustern zu orientieren: Wir schmecken „Himbeere" in einem Dessert, weil wir irgendwann einmal gelernt haben, wie eine Himbeere zu schmecken hat. Ebenso folgt unser Denken automatisch bestimmten Mustern beziehungsweise Überzeugungen, die wir in unserem Leben herausgebildet oder von anderen übernommen haben. Allerdings nehmen wir viel öfter Muster wahr, als sie in Wirklichkeit existieren – doch dies passiert in der besten Absicht, uns die Orientierung in der Welt zu erleichtern. Man bezeichnet diese Muster auch als Kernüberzeugungen (im Neurolinguistischen Programmieren), motivationale Muster oder

Lebensmuster.[10] Letztlich sagen alle Begriffe das Gleiche aus. Diese Muster gehören zu uns und wirken im Stillen nach dem Motto: „Was einmal stimmte, passt auch heute noch." Wahrscheinlich funktionierte dieser Ansatz bis vor 3000 oder 4000 Jahren, als wir Jäger und Sammler sowie Hirten und Bauern waren, überaus effektiv. In jener Zeit waren Denkmuster verlässliche Abkürzungen für Denkprozesse und packten gute Erfahrungen in einfache Merksätze. Aber heute ist es doch ein wenig anders. Wer 1880 geboren wurde, kannte als Kind keine Autos, und als 80-Jähriger waren die Straßen bereits recht voll. Die Generation aus den 1960er-Jahren wuchs ohne Handys oder Computer auf, die heute den Alltag bestimmen. Die Welt, die sich viel schneller als in den vorigen Jahrhunderten verändert, fordert uns zum Denken heraus. Muster, die heute noch funktionieren, sind morgen vielleicht überholt. Das bedeutet: Wir dürfen unser Leben lang lernen. Es macht Spaß, etwas zu verstehen, deshalb ist Lernen eine der wesentlichen Chancen für Glücksgefühle. Dennoch halten die meisten Menschen an ihren Mustern fest – auch wenn sie längst nicht mehr sinnvoll sind. Warum das so ist, soll ein Beispiel illustrieren:

Der kleine Eduard weiß nicht, was er tun soll. Denn vor ihm steht seine Mutter mit zwei Schalen Eis – links seine Lieblingssorte Schokolade, rechts Vanille: „Lieber Edi, willst du wie üblich Schokoladeneis? Oder möchtest du mal etwas Neues probieren und das Vanilleeis nehmen?", fragt die Mutter. Da steht er nun, der kleine Bub, und weiß nicht, was er tun soll: „Schokoladeneis oder Vanilleeis? Vanilleeis oder Schokoladeneis?" Soll er das Neue wagen oder beim Vertrauten bleiben? Schließlich entscheidet seine Mutter: „Also, wenn du dir keines auswählst, mache ich das jetzt. Nimm das Schokoladeneis, da wissen wir beide, dass es dir schmeckt." Er ist zufrieden, für ihn ist es in diesem Moment gut, der Mutter die Entscheidung überlassen zu haben. Könnten wir einen Gefühlsdetektor anschließen (den es so nicht gibt), würde der uns verschiedene Gefühle bei Eduard anzeigen, die sich ganz kurz nacheinander abwechseln:

- *Verzweiflung (sich nicht entscheiden zu können)*
- *Angst (die falsche Entscheidung zu treffen)*
- *Hoffnung (dass doch eine gute Lösung kommt)*
- *Unsicherheit (die ganze Situation betreffend)*
- *Erleichterung (selbst nicht entscheiden und damit „schuld" sein zu können)*
- *Verlangen (ein gutes Eis essen zu können)*
- *Zuversicht (dass die Mutter ihm hilft)*
- *Erstaunen (dass es nicht nur Schokoladeneis gibt)*
- *Neugier (wie Vanilleeis wohl schmeckt)*
- *und vielleicht noch einige mehr.*

Für diese einmalige Mischung von Gefühlen gibt es keinen Fachausdruck. Nennen wir sie komplexe Gefühle. Sie werden in einer bestimmten Hirnregion gespeichert, im limbischen System. Wir können sicher sein, so banal die Situation mit dem Eis uns als Erwachsene anmutet, so einschneidend ist sie für den kleinen Jungen. Er ist in diesem Augenblick vollkommen überfordert und die scheinbar rettende Lösung ist, sich nicht zu entscheiden. Das alles wird in den kurzen Momenten nicht über den „Kopf", sondern ausschließlich mittels seines „Bauchs" entschieden.

Seine Strategie, sich nicht zu entscheiden, hat sich bewährt. Er bekommt das, was ihm passt, und ist für die Entscheidung nicht verantwortlich. Er hat sie delegiert, abgegeben an seine Mutter. Ein Problem dabei ist: Er erfährt nicht, wie köstlich er auch Vanilleeis findet. Könnten wir ihn fragen, mit welchem Satz man am besten seine komplexen Gefühle benennen sollte, würde er sagen „Ich kann mich nicht entscheiden" oder auch „Ich will mich nicht entscheiden". Beide Sätze sind allerdings einander nur scheinbar ähnlich. Wer sich nicht entscheiden kann, der ist in einer Art Opferrolle, denn zwangsweise muss die Entscheidung von außen kommen. Wer sich hingegen nicht entscheiden will, der ist in der kraftvollen Position. Der entscheidet selbst, sich nicht entscheiden zu wollen. Mit dem einen Wort wechselt der Mensch von der Opfer- (kann nicht) in die Täterposition (will nicht).

Nehmen wir jetzt einmal an, der Zufall wollte es so, dass Eduards Reaktion keine einmalige war, sondern sich das Muster „Ich will/kann mich nicht entscheiden" festgesetzt hat. Dann könnten einige wichtige Stationen in seinem späteren Leben so aussehen: Mit 18 hat er noch keine Freundin, keinen Freund, denn er konnte sich nicht entscheiden. Mit 19 beginnt er ein Studium, das er nach sechs Monaten abbricht. Rückblickend sagt er, das sei eine seiner wichtigsten und richtigsten Entscheidungen im Leben; niemals hätte er den Beruf ausüben können. Das zweite Studium bricht er auch ab, das dritte vollendet er nur, um nicht auch noch dieses abbrechen zu müssen. Seine langjährige Freundin trennt sich nach fast zehn Jahren von ihm, weil sie mit Mitte 30 eigene Kinder will, für die er sich nicht entscheiden kann.

Muster können große Effekte auf den gesamten Lebensweg haben. Sind sie einmal etabliert, breiten sie sich sehr gern in andere Lebensbereiche aus. Sobald es eine einzige Situation gibt, die mit einem bestimmten Leitsatz gut durchgestanden oder abgewickelt wurde, beginnt die innere Karriere dieses Musters. Bereits in der nächsten Situation, in der es wirken könnte, tut es das auch. Einmal Gelerntes wird auf diese Weise nie mehr vergessen. Das ist ein kluger Schachzug unseres Gehirns: Warum wieder und wieder neu lernen? Es ist besser, erprobte Lösungen auch in der nächsten Situation anzuwenden.

Wahrscheinlich denken nun einige: Das kann nicht sein! Wir lernen doch unser Leben lang! Das ist gewiss so, was Fachwissen angeht, aber die anderen Bereiche des Daseins meistern wir mit unseren in der Kindheit geprägten Mustern. Das ist schon klug gelöst. Stellen wir uns einmal vor, wir müssten Grundsätzliches tagein, tagaus wieder und wieder neu lernen. Wir hätten für nichts anderes mehr Zeit.

Diese Muster in unserem Fühlen, Denken und Verhalten wirken immer und überall, im Privaten wie im Beruflichen.

Sie wirken einmal gut oder gewollt, das andere Mal schlecht oder ungewollt. Hierin liegt ihre Gefahr. So lange wir unsere Muster nicht kennen, benutzen wir sie automatisch. Diese Muster

werden in Situationen gebildet, die uns emotional sehr betreffen. Außenstehende wie die eigenen Eltern oder Geschwister nehmen die Bedeutung dieses Augenblicks für unsere innere Entwicklung nicht unbedingt genauso wahr.
Es kann notwendig werden, unsere wichtigen Muster zu erkennen und zu verändern, wenn in unserem Leben etwas geschieht, das wir uns entweder nicht so richtig erklären können, oder wenn wir fühlen, dass wir immer wieder in die gleiche Falle tappen.

Kein Satz darf über mich bestimmen

Wahrscheinlich wirken in mir Sätze wie:
Ich muss es schaffen.
Auf mich muss man sich verlassen können.
Ich darf nicht aufgeben.
Ich muss immer lieb sein.

Diese machen mein Leben nicht immer leichter.
Aber sie hatten irgendwann einmal einen Sinn. Es gibt nichts in mir, was nicht zu irgendeinem Zeitpunkt wichtig und notwendig war. Etwas, das aus einer Not eine Wende herbeiführte.
Viele der Inhalte wirken in mir, auch wenn ich sie nicht genau kenne. Das ist in Ordnung so, es ist schön, wenn auch Geheimnisvolles in mir lebt.
Einige der Inhalte sind es wert, erkannt zu werden. Nicht, weil sie mir noch heute helfen, sondern weil sie über die Zeit nutzlos wurden oder heute andere Auswirkungen haben als früher. Diese Sätze dürfen ab jetzt ersetzt oder ergänzt werden.
Es ist an der Zeit, mich neu aufzustellen.

Die Aufforderung zur Änderung:
Wie uns das Leben zeigt, wenn wir etwas ändern sollten

Wer die Steine in den Lebensweg wirft

Sicher gibt es in unserem Leben Hindernisse, die wir selbst nicht beeinflussen können. Wichtig ist aber zu erkennen, dass viele Blockaden, die uns an einem guten und leichten Leben hindern, „selbstgemachte Leiden" sind. Oft legen wir uns Steine in den Weg, die sich mit der Zeit zu undurchdringlichen Felswänden aufstapeln und zu echten Energie- und Zeitfressern werden.

Grundsätzlich gibt es zwei mögliche Hindernisse: Entweder man kann etwas fachlich nicht oder man scheitert (zwischen)menschlich. Fachliche Barrieren lassen sich in der Regel durch Training oder Ausbildung überwinden. Für menschliche Hindernisse gilt das nicht so einfach. Diese liegen immer in einem selbst – was eine frohe Botschaft ist, denn so liegt auch die Chance auf Veränderungen in unserer Hand.

Nehmen wir an, wir fühlen uns an unserem Arbeitsplatz schon länger nicht wohl. Zunächst wollen wir es vielleicht nicht wahrhaben, reden es uns schön und versuchen dann, etwas an der Situation selbst zu verändern. Warum nicht dem Gefühl folgen? Wenn ich in einem Unternehmen nicht zurechtkomme, sollte ich aus der Situation ausbrechen und die Arbeitsstätte wechseln. Doch habe ich dieselben Probleme auch bei allen weiteren Arbeitgebern, sollte ich genauer in den Spiegel der Selbstehrlichkeit blicken, denn dann liegt die Lösung in mir selbst. Das Gleiche gilt für die Liebe: Wenn ich mich neben einem Partner nicht wohlfühle, sollte ich mir das eingestehen und gehen – statt den Partner ändern zu wollen. Oder ich arbeite an meiner Einstellung ihm gegenüber.

Aber so verhalten wir uns eben meist nicht. Wir sind Opportunisten für uns selbst, wägen die Konsequenzen ab, schätzen den Aufwand ein, den uns eine Änderung kostet, und kommen so zu einer Lösung, die vielleicht kurzfristig realisierbarer scheint, die

Situation aber letztlich nicht klärt. Damit entscheiden wir uns oft und zielsicher für eine schlechte Lösung.

Die wichtigsten Hindernisse sind immer die in dir selbst, nicht die, welche du im Außen dafür verantwortlich machst.

Vielleicht hat dich schon jemand dazu aufgefordert, dich doch endlich einmal zu entspannen. Das geht nur nicht einfach so auf Befehl. Immer wieder gibt es Hindernisse im Leben, die es zu umgehen oder zu beseitigen gilt. Den Rest kannst du ganz von allein, garantiert. Wenn dir das nicht gelingt, hast du noch nicht alle Hindernisse beseitigt oder verstanden. Deshalb wirst du in diesem Buch auch auf mögliche Hindernisse hingewiesen und wie du mit ihnen umgehen kannst. Vieles im Leben funktioniert, wenn du es sein lässt. Das liegt daran, dass alles, was du tust, genauso wie alles, was du lässt, Konsequenzen hat.

Kehren wir zum Beispiel der Entspannung zurück. Weißt du wirklich nicht, wie du dich entspannen kannst? Nein? Dann stelle dir einen Moment in deiner Kindheit vor: Du liegst in einer sommerlichen Blumenwiese oder am Strand, springst auf einem Trampolin oder versuchst auf einer Schaukel den Horizont zu erreichen – und bist einfach nur im Hier und Jetzt. Vielleicht schaust du in den Himmel, beobachtest fasziniert die Wolken bei ihrem herrlichen Spiel auf blauem Grund, erkennst in ihren Formen einen Hund, eine Trompete, ein Haus oder eine Hand. Dabei hörst du das Summen der Bienen im Hintergrund, genießt die Wärme, die deine Kleidung durchströmt und deine Haut verwöhnt. Du riechst frisch gemähte Wiesen, das süße Aroma der Heckenrosen am Feldrand und hast den Geschmack von wilden Brombeeren auf der Zunge.

Warst du damals entspannt? Du warst es und somit hast du längst bewiesen, dass du entspannen kannst. Das muss man keinem Menschen beibringen, wir haben es nur nicht mehr genutzt, weil wir den Älteren glaubten, anderes „Wissen" und „Verhalten" sei so viel wichtiger oder wertvoller. Deshalb geht es nun nicht darum, wie wir Interesse aufbauen oder wie wir unser Lachen wiederfinden. Das alles können wir dann, wenn wir unsere Hindernisse erkannt und freundlich verabschiedet haben.

Erfolg verspricht dabei, sich zunächst auf die Blockaden zu konzentrieren und diese aus dem Weg zu räumen. Erkenne, dass du selbst es bist, der dir die größten Steine auf deinen Lebensweg legt. Um deinen eigenen Anteil an den Barrieren zu erkennen, beantworte dir die Frage: Was hat das alles mit mir selbst zu tun? Denn es gilt:

Das, was da ist, ist viel unwichtiger als das, was du daraus machst.

Was ansteht

Als ich ein ganz kleines Kind war, konnte ich noch nicht laufen. Habe ich das als ein Hindernis gesehen? Habe ich vor der großen Mühe zurückgeschreckt, es zu lernen? Habe ich aufgegeben, obwohl das Hinfallen immer wieder auch etwas wehtat?

Nein, ich habe es als notwendig und sinnvoll begriffen und gelernt. Das Hinfallen war mir Ansporn, so schnell wie möglich laufen zu lernen, weil ich merkte, je mehr ich mich übe, umso besser werde ich es können.

Ich gehe heute sicher durch die Welt, weil ich damals nicht aufgegeben habe. Ich fühle mich heute sicher, weil ich lernen wollte und nichts mich daran hindern konnte. Nichts kann mich daran hindern, wieder so zu werden, mit dem klaren Blick dafür, was ansteht, was zu lernen und was auf meinem Weg auch zu lassen ist.

Ohne Scheitern geht es nicht

Ohne Zweifel ist ein Scheitern rundum unangenehm. Man hat eine Niederlage erlitten und definitiv sein Ziel nicht erreicht. Wir erinnern uns: Optimismus bedeutet die Zuversicht, eigene Ziele realisieren zu können. Insofern reduziert jedes Scheitern zunächst unsere Fähigkeit, optimistisch zu fühlen.

Jedoch gibt es auch eine große Zahl von Missverständnissen in Bezug auf das Scheitern. Als Erstes gehört die Idee auf den „Scheiter-Haufen", dass wir versagen, wenn wir etwas falsch gemacht haben. Denn zum Zeitpunkt einer Entscheidung fehlt uns die spätere Erfahrung. Mit dem Satz „Ich hätte es wissen müssen" setzt man sich nur unnötig unter Druck. Etwas anderes ist – so er wahrhaftig ist – der Satz „Ich hätte es wissen können". In diesem Fall fragen wir uns, warum wir trotz des vorhandenen Wissens diesen Weg gewählt haben, der zum Scheitern führte. Damit kommen wir in der Regel weiter. Zum üblichen, ersten Fall: Es gibt nichts, das du wissen musst. Sage dir: „Ich wusste es damals nicht besser – oder nicht anders. Deshalb entschied ich mich, wie ich mich entschieden habe." Das nimmt den erbarmungslosen Selbstvorwürfen den Wind aus den Segeln.

Warum ist Scheitern so unbeliebt? Ist doch klar, wirst du sagen, weil ... ja, warum denn? Können Menschen zu solch einmaligen Wesen heranwachsen, ohne Fehler zu machen? Menschsein besteht aus einem stetigen Wechsel von richtigen und falschen Entscheidungen. Wer scheitert, verlässt vertraute Wege, ist mutig, versucht Neues. Ohne Scheitern gibt es keine Entwicklung. Das zeigt uns der Aufbau einer klassischen Film- oder Buchdramaturgie: Der Held oder die Heldin leben so dahin, bis sich ihnen eine Aufgabe in den Weg stellt. Der erste Versuch, sie zu lösen, geht schief. Schließlich erkennen die Protagonisten, was falsch

läuft, ändern ihr Verhalten oder ihr Ziel und siehe da, es geht gut aus. Das ist in Kurzform der Inhalt sehr vieler erfolgreicher Romane oder Filme. Warum kommt die Lösung immer erst am Ende? Weil dann die Aufgabe vorbei ist und abgelegt werden kann. Denn was wir begriffen haben, können wir loslassen (siehe Kapitel „Wer begreift, kann loslassen").
Zurück zum Scheitern. Was löst es in uns aus? Wir empfinden es als Versagen. Ist das berechtigt? Nein! Nur dann, wenn wir daraus keine Konsequenzen zögen und uns vom Leben abwenden würden, wäre es das. Ansonsten: Auf ein Neues! Denn zu scheitern bedeutet nichts anderes, als einen Fehler erkannt zu haben. Fehler bedeuten aber kein Versagen, sondern sie sind ein Teil unseres Weges. Letztlich geht es in unserem Leben viel mehr um die Einstellung zu einem Geschehen als um das, was uns objektiv passiert. Oder wie es Ernst Reinhardt ausdrückte: „Schicksalsschläge vernichten das Leben erst, wenn man es zu verneinen beginnt."

Scheitern ist keineswegs Versagen, sondern Weiterentwicklung. Es gibt keine geradlinigen Lebenswege. Niemand kann sich stetig und ohne Atempause optimieren.

Interessiere dich ab sofort für deine Niederlagen in Hinblick darauf, was du daraus lernen kannst oder willst. Ansonsten hake sie als interessante Erfahrung ab. Wer etwas wagt und dann feststellt, dass die Rechnung so nicht aufging, sollte stolz sein auf sich, denn er hat Mut bewiesen. Stehe zu deinem Mut und dazu, dass es diesmal nicht geklappt hat. Und glaube nicht, wenn es auch ein zweites oder drittes Mal nicht klappen sollte, du seiest ab nun der „Loser". Das bist du nicht. Das sind Abwertungen anderer, die Probleme mit sich selbst haben und diese nicht anschauen wollen. Es gibt viele Karrieren, die zeigen: Die Bilanz wird zum Schluss erstellt.
Manche Menschen versuchen mit aller Macht, ein Scheitern in ihrem Leben zu vermeiden. Aber: Wenn du Fehlschläge um jeden

Preis verhindern willst, schadest du dir mehr, als dass du dir nutzt. Dein Leben mag zunächst ruhiger verlaufen, aber sicher nicht interessanter und nicht befriedigender. Willst du ein gut gewürztes Essen oder die Schonkost aus der Diätküche? Vielleicht solltest du das vielseitige Essen bevorzugen, dein Leben erleben und erfahren.

Je mehr Menschen sich aus ihrem Leben zurückziehen und ihr Augenmerk nur noch darauf richten, keine Fehler mehr zu machen, umso mehr Depressionen und Schamgefühle kommen in ihnen auf. Wer scheitert, darf erst einmal seine Seele streicheln, seine Wunden lecken, das erste Ziel loslassen lernen. Das darf auch lange dauern, länger, als man sich das selbst zunächst zugestehen mag. Wenn man dann die Angst, dass nun nichts Schlimmes mehr passieren darf, loslässt, entwickelt sich der Raum für neue Ideen. Besonders lähmend ist es, wenn es gar kein Ziel mehr gibt außer dem einen, nicht mehr zu scheitern. Mit dieser Verhinderungstaktik verschwinden wichtige Inhalte aus dem eigenen Leben und es wird traurig und leer!

Dennoch ist es natürlich höchst unangenehm, zu scheitern. Auch wenn das Leben danach weitergeht, wird es eine andere Richtung als eigentlich geplant einschlagen. Eine Niederlage kann unser Selbstwertgefühl oft dramatisch mindern. Und auch die Traurigkeit über den misslungenen Versuch kann man nicht einfach zur Seite schieben. Wer gescheitert ist, sollte sich selbst eine ausreichende Zeit für seine Trauer schenken, um alles zu verarbeiten. Eine wichtige Frage ist dabei: „Mindert mein Scheitern tatsächlich den Wert meiner Person?" Dies kann ehrlich nur mit „Nein" beantwortet werden. Wer dennoch zu einem „Ja" neigt, sollte sich fragen: „Wie soll denn das gehen, dass ein Fehler meinen Selbstwert abstürzen lässt? Definiere ich mich selbst über fehlerloses Tun? Nehme ich damit nicht genau dieselbe Einstellung an, die vielleicht meine Eltern hatten? Und habe ich sie dafür geschätzt? Sollte ich mich nicht besser so behandeln, dass ich mich selbst auch wertschätze?"

Wer das allein nicht schafft, kann sich Freunden öffnen und sich bei ihnen Trost und Rat holen. Dieses Gefühl, trotz deines

Scheiterns weiter geliebt zu werden, ist wichtig bei Niederlagen. Denn wenn dich andere mögen, entdeckst du selbst hoffentlich, welch ein toller Typ du bist. Du solltest dich selbst ebenso wertschätzen, wie es deine Freunde tun.
Das alles sollte dich jedoch nicht davon abhalten, deine Niederlage genau zu betrachten – nach einem gewissen zeitlichen Abstand. Denn aus Fehlern können wir nur dann lernen, wenn wir sie begriffen haben. Und wenn wir daraus nach Lösungen suchen, damit uns etwas Ähnliches nicht mehr geschehen mag:

Aus Niederlagen helfen dir die Trauer und Menschen, die bei dir sind, die dich mögen und lieben. Wenn du gerade niemanden dafür weißt, ist es deine allererste Pflicht, selbst dieser Mensch für dich zu sein.

Gut, dass ich auch scheitern darf

Scheitern, das erinnert vielleicht an den Scheiterhaufen.
Aber wir leben nicht mehr im Mittelalter, wir sind weiter.
Ich bin so weit, zu verstehen, dass Scheitern zum Leben gehört wie das Atmen und das Schlafen.
Ich darf scheitern, weil ich stark sein kann.
Ich weiß aus dem Scheitern zu lernen und dann sicherer zu werden.
Ich spüre die Sicherheit, das zu schaffen.
Ich spüre, mein Wert hängt nicht vom Erfolg ab, auch wird er durch ein Scheitern nicht gemindert.
Ich weiß, dass ein gutes Leben nach dem Scheitern möglich ist.
Und dieses Leben ist reiner, klarer, befreit von dem, was ich mittels Scheitern losgeworden bin.
Ich gehe meinen Lebensweg, auch wenn er mal ein wenig abseits meiner Planungen verläuft.
Es bleibt mein Weg.

Krisen annehmen

Wenn wir eine Niederlage um jeden Preis verhindern wollen, entwickelt sich eine Krise. Sie basiert auf einer Lüge und sei es auf der, dass wir keine Niederlage erleben werden. Unsere Sicht auf Krisen, auf das Scheitern, selbst auf Katastrophen, muss eine andere werden. Es handelt sich bei allem um vollkommen normale Vorgänge. Alles andere, ein krisenfreier Weg, ist ein Traum. Freiheit schenkt uns die ehrliche Sicht darauf, dass wir immer wieder scheitern können und auch werden, dass wir immer wieder mit Krisen zu tun haben werden. Unsere Chance liegt gerade darin, in dem, was wir bisher auf keinen Fall haben wollten, etwas überaus Normales zu erkennen. Das nimmt dem Ganzen die Note der Not. Mir ist wichtig, dass dies verständlich ist: Nicht das Vermeidenwollen des Unerwünschten führt uns weiter, sondern die innere Klarheit: Was kommt, kommt, und dann geht es auch wieder. Unsere Einstellung entsprechend anzupassen nimmt einer Krise den Druck. Denn dann ist sie zwar unangenehm, aber eben letztlich normal.

Eine Krise ist nichts Außergewöhnliches und macht uns nicht zu etwas Besonderem – auch wenn wir weiterhin einmalig sind.

Diese Einstellungsänderung wird auch zu einer Verhaltensänderung beitragen, wir werden eine Krise nicht mehr verhindern wollen, koste es, was es wolle. Denn wir haben verstanden:

Eine echte Krise kann nicht verhindert werden.
Es dennoch zu versuchen, ist fast immer aufwendiger, als sie zu durchleben.

Ein alltägliches Beispiel: Wir haben etwas zu transportieren und stellen fest, dass wir eigentlich zweimal gehen müssten. Dazu haben wir keine Lust, also bürden wir uns alles auf einmal auf. Es geschieht, was geschehen muss: Mitten auf dem Weg entgleitet uns ein Teil und kracht mit lautem Knall auf den Boden. Wenn wir Glück im Unglück haben, müssen wir uns noch mal bücken und dann doch zweimal gehen. Im leider üblichen Fall geht jedoch etwas zu Bruch. Wir haben mehr als doppelte Arbeit, weil wir uns eigentlich Arbeit ersparen wollten. Und selbst wenn alles gut geht: Der Weg zum Ziel war mühsam und angespannt, weil wir ja wussten, etwas könnte uns entgleiten. Deshalb gilt:

Wenn du letztlich genau weißt, dass eine Last kommt, solltest du dir sagen: „Gern, ja, sofort." Wenn du merkst, dass du eine Krise nicht abwenden kannst, solltest du dir sagen: „Gern, ja, sofort." Alles andere kostet deine Kraft und Zeit.

Eine überwundene Krise bringt jedoch nur dann einen Gewinn und damit einen Vorteil, wenn ihre Lösung zu dir passt. Dazu ein Beispiel: Stelle dir vor, du hast vielleicht nicht ganz den richtigen Partner gewählt. Du darfst den Abend immer mit euren Kindern allein zu Hause verbringen, während er um die Häuser zieht. Irgendwann stellst du fest, dass es ihn immer in dasselbe Haus zieht, und darin wohnt die elegante Elena oder der markige Markus. Die Ehekrise ist da, sie schaukelt sich hoch und schließlich überwindest du die Krise mit der von dir eingeleiteten und auch vollzogenen Scheidung. Danach hockst du abends wieder mit euren Kindern allein zu Hause und bist viel zu enttäuscht und geschwächt, um dich anderen Menschen zuzuwenden. Die Krise der Partnerschaft ist überwunden und die Lösung (also die Scheidung) bringt dir zwar eine gewisse Ruhe, weil du nicht mehr eifersüchtig allein im Bett wartest, aber sie bürdet dir noch mehr

Verantwortung und noch größere (finanzielle) Sorgen auf. Wenn du in einem solchen Moment liest, dass du eine Krise lieben lernen sollst, fühlst du dich vermutlich nicht richtig verstanden oder angenommen.

Wenn dir die Situation vertraut ist, dass dich Krisen viel Kraft kosten, beantworte dir zwei Fragen: Hat das Vermeidenwollen der Krise tatsächlich weniger Energie verbraucht als der Zustand nach der Lösung? Es ist eher unwahrscheinlich, dass du diese Frage mit „Ja" beantwortest. Meistens kostet eine Lüge viel Energie.

Die zweite wichtige Frage ist: Wie schaffe ich es, aus der Lösung der Krise eine positive Sicht für meine Zukunft zu finden? Wie also nutze ich sie für einen mich stärkenden Neuanfang?

Dies gelingt über unsere lebenslange Fähigkeit zu lernen und zu entscheiden. Damit können wir Unbestimmbarkeiten vermindern und wiederkehrende Muster erkennen. Lernen vermindert auf diesem Weg unsere Angst. Es ist normal, in der eben beschriebenen Situation nach einer Scheidung erschöpft zu sein. Deshalb wäre deine erste Pflicht, für den Aufbau der eigenen Kräfte zu sorgen. Das funktioniert, indem wir uns Zeit schenken, die Ruhe nach der Aufregung erleben und genießen, vorrangig für uns da sein zu können. Schaffe dir zum Beispiel neue Rituale wie ein entspannendes Bad am Abend und überlege dir dann, was du schon immer tun wolltest. Dann beginne es und starte neu!

Ich bin kein Gras

Es heißt, Gras wachse nicht schneller, wenn man daran ziehe.
Ich habe gelernt, auch selbst nicht schneller wachsen zu können, als mir möglich ist.
Vielleicht habe ich es mir ein wenig zu bequem gemacht mit dieser Einstellung.
Vielleicht, weil es mir wehtat, wenn etwas nicht so klappte, wie ich es mir vorstellte.
Vielleicht, weil die anderen sagten: Nun mach aber mal halblang, sonst fällst du wieder hin.
Vielleicht, weil zu fallen so wehtun kann.
Aber ich erlaube mir nun, meine Augen und mein Herz für meinen Weg wieder ein wenig mehr zu öffnen.
Ich erlaube mir, mit ein wenig mehr Mut voranzugehen, jetzt, wo ich fühle, zu fallen ist keine Schande.
Wer nie fällt, hat nie etwas versucht.
Wer nie fällt, ist in seiner Angst starr und gefangen.
Ich will kein Gefangener meiner Vorstellungen mehr sein.
Ich erlaube mir meinen Mut, vielleicht wachse ich doch ein wenig schneller, wenn ich mir falsche Vorstellungen nehme und mit Zuversicht mein Leben neu ergreife – im Wissen, ganz ohne Krise wird es nicht gehen.
Aber ich kann jeder Krise dankbar sein, denn sie korrigiert einen Weg, den ich so nicht gehen sollte.
Also marschiere ich einfach los und lasse mich überraschen, denn sicher liegen viele schöne Erlebnisse vor mir.
Wenn ich mich nicht aufmache, kann ich sie nicht erleben.
Ich komme.

Hummeln können eben doch fliegen: Der wirkungsvolle Umgang mit den wichtigsten Hindernissen

In den folgenden zwei Abschnitten des Buches geht es vorrangig um konkrete Hindernisse und wie du mit ihnen in deinem Leben so umgehen kannst, dass Leichtigkeit entsteht. Themen wie Angst, Tod, Neid oder Schuld sind natürlich zunächst nicht leicht. Umso lohnender kann es sein, sich diesen Inhalten zu öffnen. Das klingt für dich paradox? Es ist ein wenig wie mit der Hummel, die fliegt, obwohl ...
Es gibt den Spruch: „Eine Hummel kann nach physikalischen Gesetzen nicht fliegen. Da sie das nicht weiß, fliegt sie trotzdem." In der Tat sprachen die zu dem Zeitpunkt der Hummelbewertung bekannten aerodynamischen Gesetze der Hummel klar die Fähigkeit zum Fliegen ab. Denn die damals existierenden Erkenntnisse galten für starre Tragflächen. Nun haben Hummeln aber sehr biegsame Flügel. Deshalb können sie beim Schlagen Wirbel an der Flügelspitze erzeugen, wodurch es zum Auftrieb kommt. Die von der Hummel bewegte Luftmenge ist erheblich größer, als aufgrund ihrer kleinen Flügelfläche zu erwarten war. Längst gibt es Hubschrauber, und die fliegen eben auch, obwohl die Fläche ihrer Propeller sehr klein ist – eigentlich sind deshalb Hummeln nicht mit Flugzeugen, sondern mit Hubschraubern zu vergleichen. Und so sind die kleinen Hummelflügel für den recht dicken Hummelkörper eben doch groß genug.

Was sehen wir an der Hummelgeschichte?

Was du kannst, hängt nicht davon ab, was andere meinen, von dir verstanden zu haben oder zu wissen. Wenn du etwas ausprobierst, wirst du Fähigkeiten entdecken, von denen du nicht ahntest, sie zu besitzen. Dein Trick ist die Einmaligkeit deines Wesens.

Sich auf die Welt beziehen

Erwartungen gibt es unzählige, dennoch kommen bestimmte relativ häufig vor. Wenn du magst, schaue die folgende Liste an und entscheide dann jeweils, ob du diese Erwartungen an dich selbst richtest oder andere sie an dich haben.

Ich muss ...
... immer lieb sein.
... treu sein.
... genug Geld verdienen.
... meinem Partner die Wünsche von den Augen ablesen können.
... erfolgreich sein.
... gesund sein.
... mehr als die anderen leisten.
... immer etwas tun, mich nicht ausruhen.
... mehr leisten, als ich kann.
... meine Kinder lieben.
... meine Eltern lieben.
... meine Feinde lieben.
... bestimmte Dinge im Haushalt tun.
... mich um alles im Haushalt kümmern.
... den Garten machen.
... mich um die Kinder kümmern.
... meine eigenen Wünsche hintanstellen.
... die/der Beste sein.
... jemanden pflegen.
... mich trennen.
... alles geben, was ich habe.
... mehr geben, als ich habe.
... auf meinen Urlaub verzichten.

... tun, was die anderen von mir erwarten.
... mich zurücknehmen.
... meine Meinung für mich behalten.
... alles zahlen.
... weiter arbeiten.
... meine sexuellen Wünsche verbergen.
... immer gut angezogen sein.
... immer gut geschminkt sein.
... immer beherrscht sein.
... immer freundlich sein.
... einen bestimmten Beruf erlernen oder ausüben.
... das Geschäft/die Kanzlei/die Praxis meiner Eltern übernehmen.
... mich um meine Geschwister kümmern.
... abnehmen/zunehmen.
... Sport treiben.
... aufräumen.

Unterschätze nicht die Bedeutung der Erwartungen, die du an dich selbst stellst. Oft wirken in dir passende Muster (siehe Kapitel „Wie wir uns selbst antreiben"), welche deine Erwartungen füttern und initiieren. Beispielsweise kann hinter der Überzeugung, du müsstest immer freundlich sein, das kindliche Muster „Ich muss immer lieb sein" stecken. Keinen Deut besser sind die Erwartungen, die wir meinen, von anderen zu spüren. Viele Menschen kümmern sich zu sehr darum, was andere von ihnen denken oder denken könnten. Wenn dir das wichtig ist, dann möchtest du wahrscheinlich beim anderen keinen Widerstand erzeugen. Daher stammt der Ausdruck, „es allen recht machen zu wollen", was ohnehin meist nicht geht. Dabei gibt es einen schönen Spruch, mit dem diese ganzen Gedanken zunichte gemacht werden könnten: „Ist der Ruf erst ruiniert, lebt es sich ganz ungeniert."

Wir haben einen grundsätzlichen Vorteil, wenn wir meinen, etwas wegen der Erwartung anderer tun zu müssen. Wenn ein

Zwang besteht, brauchen wir uns scheinbar keine Gedanken darum zu machen, was wir tatsächlich tun sollten. Jede Vorstellung, was wir aufgrund von Anweisungen anderer zu tun haben, lenkt die Verantwortung von uns selbst fort. Die Aufmerksamkeit geht somit hin zu dem, was getan werden muss, oder zu dem, der das angeblich von uns fordern kann. Damit nehmen wir uns aus der Eigenverantwortung, aber eben auch aus der Mitte unseres Lebens.

Wenn wir uns nun diese Liste anschauen, erkennen wir, welche angeblichen Forderungen an uns gestellt werden. Diese liegen in wenigen Bereichen:

- *Einfühlung und Partnerschaft (erst einmal unabhängig davon, um welchen Partner es gehen mag)*
- *Karriere und Leistung*
- *Materielles allgemein*
- *Selbstwert*

Wir müssen also angeblich irgendwie „lieb sein", „etwas leisten" oder „etwas anschaffen oder zur Verfügung stellen".

Tue das, was dein Leben bereichert. Tue nichts, von dem du meinst, die anderen würden es von dir erwarten. Beziehe viel mehr dich selbst auf die Welt, anstatt die Welt auf dich zu beziehen. Werde aktiv und biete an, statt Befehle zu empfangen.

Es hindert uns, wenn wir uns seit der Kindheit zu sehr auf die Erwartungen der anderen – zunächst die der Eltern – konzentriert haben. Dann können wir unsere Ziele nicht erkennen, uns selbst gar nicht mehr mit den eigenen Augen betrachten, sondern vorrangig mit denen der anderen. Das mögen im Erwachsenenalter nicht mehr nur die Augen der Eltern sein, sondern die des

Partners oder der Partnerin, der Chefin oder des Chefs oder des behandelnden Arztes. Weil der beispielsweise findet, jeder Mensch müsse sogenanntes Normalgewicht haben, sind wir inzwischen auch längst dieser Überzeugung, obwohl wir ein paar Kilo weniger oder mehr auf die Waage bringen. Was ist deine Meinung? Wie fühlst du dich mit deinem Gewicht? Bist du bereit, die möglichen gesundheitlichen Folgen dieses Gewichts verantwortlich zu tragen, sofern es nicht dem Normwert entspricht? Das sind die wichtigen Fragen in diesem Zusammenhang. Der wahrscheinlich größte Schritt, um endlich davon loszukommen, die Erwartungen anderer zu erfüllen, ist, sich selbst mit den eigenen Augen zu betrachten. Dabei darf man gütig sein, nachsichtig, nicht bis ins Letzte analysierend und urteilend. Mal eine Portion Wohlmeinen für sich selbst, das wäre doch wirklich an der Zeit.

Auf die Meinung anderer Menschen zu viel Wert zu legen wurzelt meist in unserer Entwicklung. Wir waren viele Jahre davon abhängig, die Meinung „anderer" zu erfahren und teils zu befolgen, nämlich die unserer Eltern, später vielleicht unserer Geschwister, dann die von Spielkameraden und schließlich von Lehrern. Das waren eben auch große Chancen zum Lernen. Das Phänomen der „Spiegelung" spielt hier eine Rolle. Dazu gehört nicht nur, dass wir das Verhalten der anderen imitieren (spiegeln), sondern auch, dass wir die Mimik und Gestik der anderen – und damit ihre Zustimmung und auch ihre Ablehnung – lernen. Deshalb sollten wir das Hindernis „Meinung der anderen" genauer betrachten und nicht nur verdammen. Die Meinung der anderen ist für bestimmte Berufe wie Meinungsforscher lebensnotwendig, aber auch jeder Autor, jedes Unternehmen sollte die Meinung der Konkurrenten und Kunden genau kennen. Wichtig ist, was man mit der Kenntnis anfängt. Sich ihr unterwerfen? Sie immer verdammen? Sich nicht darum kümmern? Nein: Nutze sie für dich selbst, statt dich von ihr ausnutzen zu lassen.

Ein wirkliches Hindernis dabei ist grundsätzlich, alles oder zu vieles auf sich selbst zu beziehen, was nichts mit einem selbst zu tun hat.

Folge mir auf eine Autobahn. Wir fahren gemütlich mit 135 Stundenkilometern auf der linken Spur, um einen Lkw zu überholen, von hinten kommt ein Sportwagen mit geschätzt 220 Stundenkilometern rasant immer näher, der Fahrer nutzt die Lichthupe und wir denken uns – was? Was denken wir in diesem Moment? Hier ein paar Vorschläge: „Der hat sie nicht mehr alle!", „Spinnt der?", „Was soll das denn?", „Potenzgeminderter Prolo!", „Du kannst mich mal gernhaben!" In jeder dieser Ideen setzen wir uns in irgendeine Verbindung mit dem rasenden Rüpel und überschreiten gedanklich genauso dessen Grenzen, wie der andere es mit unseren eigenen tut. Das ist zu hinterfragen. Wahrscheinlich handelt es sich bei diesem um einen uns unbekannten Menschen, mit dem wir nichts zu tun haben. Wir wissen nicht, was in ihm vorgeht, wir wissen nicht, warum er so fährt, wie er fährt, wir wissen nicht, was eigentlich Sache ist. Alles Vermutung und Wertung. Nun ein paar mögliche Lösungen zu seinem Verhalten: 1. Der Fahrer hat bemerkt, dass sein Gaspedal klemmt. 2. Der Fahrer selbst muss dringend zur Toilette. 3. Jemand sitzt im Sportwagen, der unverzüglich ins Krankenhaus muss.

Du wirst nun einwenden, alles Hirngespinste. Letztendlich wissen wir nicht, was in dem Fahrer hinter uns vorgeht. Also sparen wir uns jede Wertung, nehmen uns aus der Situation, indem wir schnell auf die rechte Spur wechseln, weil der hinter uns offenbar weiterrasen möchte. Lassen wir ihn doch gern überholen. Spüre bewusst, welche Leichtigkeit im Leben einkehrt, wenn du die anderen in Ruhe lässt. Dazu gehört:

Fast nichts, was auf der Welt geschieht, hat mit dir zu tun. Noch nicht einmal das, was direkt in deiner Nachbarschaft passiert. Sich das klarzumachen und sich entsprechend zu verhalten bringt Leichtigkeit ins Leben.

Das hat nichts mit Naivität oder Abkapselung zu tun. Naiv wäre es zu glauben, alles hätte mit einem zu tun oder auch gar nichts. Die Wahrheit liegt jedoch viel näher am Nichts als am Alles.

Der Spiegel der Erwartung

Wenn ich in einen Spiegel schaue und mir tief in die Augen sehe, dann kann ich manchmal etwas erkennen. Heute sah ich nur zwei Worte darin: „Ich muss." Immer wieder: „Ich muss."
Mir wird schwer ums Herz, wenn ich immer nur muss. Ich will nicht mehr müssen, ich will wollen.
Mein Herz sagte daraufhin:
„Wie soll es dir leicht werden, wenn du immer neue Erwartungen an dich selbst stellst?
Wie soll es dir leicht werden, wenn dein Leben davon bestimmt wird, was andere von dir erwarten?
Wieso sagst du dir nicht: ‚Ich will es mir selbst recht machen und nicht mehr von mir verlangen, als ich ehrlich zu geben bereit bin?'"
Dann entfernte ich mich vom Spiegel und dachte mir:
„Niemand schreibt mir mehr vor, was ich zu denken, zu tun oder zu lassen habe. Das entscheide ich ab sofort bewusst. Ich entscheide es mit der gebotenen Selbstliebe.
Mein Verhalten und meine Leistungen bestimmen niemals mehr über meinen Wert."

Das Nein akzeptieren

Manche Menschen gestalten ihr Leben so, dass sie niemals ein „Nein" zu hören bekommen. Fein ausgedrückt verhalten sie sich opportunistisch, weniger fein, unehrlich bis hinterhältig. Eine solche Lebensart ist das Gegenteil von frei, sie bedeutet die Bindung an Halbwahrheiten und Konstruktionen, was viel Kraft kostet.

Manche Menschen befürchten: „Wenn ich Nein sage, werde ich nicht mehr geliebt." Andere wollen nicht erleben, wie dem eigenen Nein ein noch kräftigeres entgegengeschmettert wird – das ist die Angst vor dem Nein für sein eigenes Nein. Ein Beispiel aus dem Privatbereich: Igor ist frisch verliebt, Inge ist die Auserkorene. Igor hasst Oliven, schon als Kind spuckte er sie aus, wenn er sie auf einer Pizza übersehen hatte. Nun bereitet ihm Inge ein tolles Candle-Light-Dinner, aber er hat versäumt, ihr vorher die wirklich kurze Liste seiner Essens-No-Gos zu überreichen. Neben Oliven sind dies Fisch und Rosenkohl. Überschaubar. Was kocht Inge? Zanderfilet mit Olivensauce. Was nun? Igor tut das, wofür sich viele entscheiden würden. Er vermeidet sein eigenes Nein, um keines von Inge zu hören. Er sagt ihr also nicht, dass ihn das Essen fast würgen lässt. Immerhin hat er sich bereits ausgemalt, wie der schöne Abend ausklingen sollte, und da will er kein Risiko eingehen. Dabei ignoriert er die Gefahr, dass Inge ihm später immer wieder Fisch und Oliven auftischen wird. Am besten mit Rosenkohl garniert. Auch vor beruflichen Situationen machen diese Einstellungen nicht Halt.

Grundsätzlich vermeiden viele Menschen also, Nein zu sagen. Das nutzen andere aus, die beispielsweise an der Haustür klingeln und den überraschten „Neukunden" gewinnen, weil dieser nicht ablehnen kann. Es gibt zwei leicht zu lernende Methoden, um diese Schwierigkeit in den Griff zu bekommen. Die erste ist, einen Allgemeinplatz loszulassen. Ideen hierzu sind:

„Ich kaufe grundsätzlich nichts an der Haustür."
„Heute muss ich leider Nein zu Ihrem Angebot sagen."
„Danke, dass Sie an mich gedacht haben. Aber heute kann ich nichts nehmen."
Eine andere Methode hätte Igor nutzen können. Am besten wäre es gewesen, er hätte seine kritischen Nahrungsmittel vorher mitgeteilt. Er hat es vergessen. Was also tun? Entweder schlucken, den Abend genießen und spätestens am nächsten Morgen, so der Abend schön war, das Thema ansprechen. Dabei muss Igor bei sich bleiben: „Du, Inge. Ich habe vergessen dir zu sagen, dass es ganz Weniges gibt, was ich nicht essen mag ..." Und dann muss er sich entschuldigen, das nicht vorher erwähnt zu haben.

Wenn Igor aber des Runterschluckens nicht mächtig ist, muss er es sofort ansprechen. Erst sich entschuldigen, dann schildern und einen Alternativvorschlag machen: „Die Kartoffeln sind köstlich! Kann ich mehr davon haben? Ich lasse mir noch etwas Butter dazu aus."

Hin zum Wesentlichen: Es ist wirkungsvoll, sein eigenes Nein zu trainieren. Wie viel Leid und Schwere kommen in unser Leben, weil wir nicht Nein sagen. Wir können unser Nein so aussprechen, dass es der andere nehmen kann. Das kann er, wenn es ehrlich ist, ihn nicht verletzt und wir ganz bei uns bleiben.

Warum fällt es uns denn nur so schwer? Weil wir das nicht ausdrücken wollen, was wir selbst nicht hören wollen. Darum geht es nämlich oft bei unserer Schwäche. Stellen wir uns vor, wir wären Inge. Hätten uns tagelang das Menü überlegt (dann hätten wir bei unbekanntem Geschmack übrigens vorher fragen können, ob es etwas gibt, was wir auf keinen Fall kochen sollten), und nun sagt unsere neue Leidenschaft schlicht Nein.

Genau hier liegt die Lösung. Igor sagt nämlich Nein ausschließlich zu Oliven oder Fisch, aber er sagt nicht Nein zu Inge. Für viele hat es eine allgemeingültige und sich über alles erstreckende Bedeutung – das ist aber falsch!

Ähnlich ist es, wenn einem jemand zu verstehen gibt, dass er sich eine Beziehung oder auch nur ein sexuelles Abenteuer mit einem nicht vorstellen kann. Ja und? Er sagt doch damit nicht, man sei doof, unattraktiv oder widerlich.

Ein allgemeingültiges Nein gibt es nicht. Jedes Nein ist erlaubt, es sollte aber immer klargestellt werden, worauf es sich konkret bezieht.

Eine solche Ablehnung beziehen viele auf sich selbst und ihren Wert. Und so vermeiden sie jedes Nein von anderen und von sich selbst. Doch wer Ja sagt zu sich selbst, steht auch dazu, nach außen seine Position zu vertreten – und die braucht immer mal wieder auch ein Nein. Es schwächt uns ungemein, wenn wir selbst es nicht aussprechen oder bei anderen nicht akzeptieren können. Denn wenn wir zu uns selbst wirklich stehen, ist es gleich, was an der Oberfläche scheinbar Ablehnendes geschieht.

Ein Nein schwächt dein Selbstwertgefühl nur dann, wenn dein Selbstwert ohnehin deutlich ausbaufähig ist.

Wir sollten uns immer vor Augen halten, dass wir niemals für Leistung geliebt werden, auch nicht für die Leistung, einem anderen was auch immer abzunehmen. Das tun wir auch, wenn wir ihm unser Nein nicht zumuten. Wer viel leistet, wird bestenfalls dafür anerkannt. Geliebt werden wir dafür, dass wir sind und wie wir sind. Hier geht es aber um uns selbst – machen wir uns also ein für allemal klar:

Du wirst dich respektieren, wenn du genug gibst und genug leistest, aber deiner Selbstliebe bringt dich das keinen Schritt näher.

Wer also meint, vor sich selbst nur bestehen zu können, indem er sich zu Tode arbeitet – es wird vergebens sein. Dafür findest du im Buch viele Hinweise, wie du dir tatsächlich nahe kommst.

Das besondere Haus

Neulich ging ich durch ein sehr besonderes Haus. In der ersten Ebene bekämpften sich Menschen mit allen möglichen Waffen – die Luft war von Macht geschwängert.
In der zweiten Ebene beachtete mich niemand, alle rannten und arbeiteten, als ginge es um ihr Leben – die Luft war von Leistung übersättigt.
In der dritten Ebene waren die Menschen sich ganz nah, sie wirkten fast wie eins, nicht mehr wie Einzelne – die Luft war von Annäherung durchdrungen.
Alles war klar und eindeutig und zugleich war alles zu viel. Ich ging hinaus und fand ein Schild vor, auf dem stand: „Wenn du mehr verstehen willst, gehe in den Keller." Also ging ich ganz nach unten. Dort war eine Staffelei aufgestellt, auf der sich ein einziges Schild befand, auf dem stand: „Wenn du ein Nein hörst, überlege dir genau, wohin du gehen willst."
Aus der Tiefe des Raums hörte ich genau in diesem Moment ein klares, deutliches: „Nein! Hier hast du nichts verloren!"
In mir kam Angst auf, ich musste raus aus dem Keller. Meine Angst war im Erdgeschos nicht vorbei, ich rannte wie kopflos nach oben, so weit wie möglich. In der dritten Ebene angekommen, schauten mich die anderen fragend an: „Was willst du denn hier? Mit deinem Nein wollen wir nichts zu tun haben." Sie schickten mich auf das Nachbargrundstück.
Dort erwartete mich ein großer Baumeister. Er drückte mir einen Plan in die Hand und gab mir nur einen Hinweis: „Beginne endlich, an deinem eigenen Wert zu arbeiten."

Die Brille

Wenn Menschen über eine lange Zeit ähnliche negative Erfahrungen machen müssen, beispielsweise beruflich nicht erfolgreich sind, kann ihnen eine Brille wachsen, die sie kaum mehr abnehmen können. In diesem Fall wäre es die Brille des Erfolglosen. Wenn sie immer wieder schmerzliche Trennungen und Verluste erleben, haben sie irgendwann die Brille der Einsamkeit auf. Das Problem ist: Die Brille, die wir tragen, färbt alles so ein, dass wir die Wahrheit nicht mehr richtig sehen.

Welche „Sehhilfen" sind üblich? Das ist zum Beispiel die Brille ...
... der Angst
... der Einsamkeit und des Verlusts
... der Hoffnungslosigkeit
... des Versagens
... der Traurigkeit
... des Opfers
... der Wut
... der Verzweiflung
... der Verliebtheit
... der Vergessenheit.

Diese Liste ist nicht wirklich aufbauend, außer Verliebtheit taucht wenig auf, das wir anstreben. Es geht grundsätzlich um dreierlei:
1. Warum setzen wir uns eine bestimmte Brille auf, durch die wir fast alles, was geschieht, eingefärbt wahrnehmen?
2. Wie erkennen wir die Brille, die wir tragen? Denn diese ist selbst auf den zweiten Blick oft nicht sichtbar.
3. Wie schaffen wir es, diese Brille loszuwerden, zumindest aber nach eigener Wahl abzusetzen?

Wenn wir uns eine solche Brille zunächst selbst anfertigen und dann auch immer öfter aufsetzen, hängt dies mit unserer Vorgeschichte und mit unserer Persönlichkeit zusammen. Jeder besitzt beispielsweise auch eine Brille des Glücks. Nur liegt die oft unbeachtet im hintersten Schrankwinkel. Etwa die Hälfte unserer Glücksfähigkeit ist angeboren (siehe Kapitel „Das Prinzip Glück"). Es gibt also tatsächlich Menschen, die von vornherein eine Brille des Glücks tragen, und andere, die eher eine Brille der Traurigkeit mitbekommen haben. So manches ist ab dem Moment unserer Zeugung festgelegt. Beim Geschlecht können wir die Aussage noch akzeptieren, bei unserer Persönlichkeit und auch unseren Chancen wollen wir das nicht hören. Warum eigentlich? Es ist doch gut, sich auf einiges sicher verlassen zu können. Kein Mensch kann einem Idealbild entsprechen, das wäre kalt und unnahbar. Erst unsere „Schwächen" machen uns wundervoll, denn das, was typisch ist für uns, macht unseren Charakter aus. Wir besitzen so, wie wir sind, genug Chancen. Nutzen wir sie in den Bereichen, die wir selbst beeinflussen können!

Zurück zur Lieblingsbrille. Wir haben also von vornherein eine gewisse Vorliebe für bestimmte Modelle. Ob wir diese dann auch aufsetzen oder uns doch für etwas anderes entscheiden, liegt an dem, was wir erleben. Je eher wir in einen positiven, optimistischen Strom des Lebens entlassen werden, umso schwerer haben es negativ bewertete Sehhilfen. Je mehr Ungutes wir erfahren, umso eher werden wir die vorher beschriebenen Brillen annehmen und aufsetzen. Dabei helfen uns die Muster unseres Antriebs maßgeblich (siehe Kapitel „Wie wir uns selbst antreiben").

Es kann schwer sein zu erkennen, welche Brille wir als Erwachsene vorrangig tragen. Weil wir uns an alles, das uns stetig umgibt, gewöhnen (siehe Kapitel „Der Zinseszins des Glücks"), an Gutes ebenso wie an weniger Gutes. Vielleicht dauert es, bis uns andere darauf hinweisen, wie einseitig unsere Weltsicht ist. Es gibt eine schöne, einfache Übung, dich selbst zu überprüfen, wenn du bereit bist, ehrlich dabei zu sein. Die Frage heißt: „Kann man das auch anders sehen?"

Wer darauf mit einem bestimmten: „Nein! Das ist so und nicht anders!" antwortet, ist vielleicht zu sehr gefangen in seinem Blick

durch die eigene Brille. Menschsein bedeutet immer, auch Alternativen zu haben. Alternativloses Leben ist uns fast unerträglich, weil wir fest eingebunden sind in eine Welt von Polaritäten (siehe Kapitel „Sich entscheiden und frei sein"). Eine Antwort auf die Frage, die uns weiterbringt, lautet: „Sicher, man kann alles anders sehen."
Um die eigene Brille zu erkennen, brauchst du möglicherweise wohlgesonnene Menschen in deiner Umgebung, die dich auf die Einseitigkeit deiner Weltsicht aufmerksam machen können und sollten. Und es ist dein wacher, kritischer Verstand, der sich in Momenten, die dich belasten, fragt, ob du das auch anders betrachten könnest – und dir verdeutlicht, was dir vielleicht noch fehlt, um diese weniger belastende Weltsicht auch annehmen zu können.
Wie schaffen wir es nun, die erkannte Brille immer wieder abzusetzen? Den meisten hilft die Belohnung, die winkt, wenn sie es tun. Wer immer in Traurigkeit durch sein Leben schreitet und einmal fühlt, wie angenehm es ist, optimistisch in die eigene Zukunft zu schauen, kann lernen, die Brille des Optimismus auch einmal freiwillig aufzusetzen und aufzubehalten. Es gehört eine Form von liebevollem Tritt in den eigenen Popo dazu, einen Brillentausch vorzunehmen. Deshalb hier nun Beispiele für attraktive, überaus angenehm zu tragende Modelle der aktuellen Kollektion:

Die Brille ...
... der Freude
... der Zuversicht
... des Optimismus
... der Liebe
... der Zuneigung
... des Interesses
... der Vorfreude
... der Zufriedenheit
... der Ausgeglichenheit
... der Herzlichkeit

... der menschlichen Wärme
... der Selbstliebe
... der Verständigung
... des Verstehens
... der Kraft
... des Engagements
... der Großzügigkeit
... der Freundlichkeit
... der Achtung
... des Einfühlungsvermögens

Das ist eine wirklich feine Auswahl unserer möglichen Luxusmodelle. Sei dir selbst wertvoll genug, diese Sehhilfen ab sofort zu nutzen. Und wenn du schon dabei bist, gestalte dir auch individuelle Modelle, die mehrere Eigenschaften vereinen können.

Das durchscheinende Accessoire

Welche Brille? Meine Entscheidung!
Die Welt ist, wie sie ist. Aber wie ich sie sehe, das kann ich selbst entscheiden.
Ich habe die Freiheit, immer nur das Schlechte und Böse zu sehen.
Ich habe die Freiheit, auch das Schöne zu sehen.
Ich habe die Freiheit, dort hinzuschauen, wo ich hinschauen mag.
Ich habe die Freiheit, wegzuschauen, wenn ich den Anblick kaum ertragen kann.
Ich habe die Freiheit, es selbst zu entscheiden.
Freiheit bedeutet Verantwortung – Verantwortung für meine Wahl. Deshalb wähle ich bewusst und gezielt, wie ich die Welt betrachte. Insbesondere betrachte ich sie ab jetzt so, dass es mir selbst guttut.
Dann tue ich auch anderen gut.

Gondeln in uns

Unsere eigene Erinnerung ist ein Sündenpfuhl aus Lügen, falschen Vorstellungen, abstrusen Begründungen. Tief in sich hineinzuschauen gibt den Blick frei in einen Abgrund. Nicht, weil in unserem Inneren so furchtbar Brutales lauert und in jedem ein Serienmörder steckt, sondern weil wir uns unsere eigene Vorgeschichte zusammenstellen, wie es uns gefällt. Deshalb sind manchmal Aussagen von Verwandten und engen Freunden ehrlicher als eigene Erinnerungen.

Ich schildere ein persönliches Beispiel, auf dessen Unstimmigkeit ich erst nach über 40 Jahren stieß: In meiner Kinderzeit waren Reisen noch selten und etwas wirklich Besonderes. So war ich mit meinen Schwestern und meinen Eltern im Jahr 1969 überhaupt erst das zweite Mal in Urlaub und das erste Mal in meinem Leben im Ausland. Die Reise ging dahin, wohin Familien damals fuhren, an die Adria. Da der Urlaubsort nicht weit von Venedig entfernt war, unternahmen wir einen Tagesausflug dorthin. Die Schönheit der Stadt und das einmalige Ambiente der Kanäle und venezianischen Gondeln begeisterten mich. Ich wollte unbedingt eine Gondel mit nach Hause nehmen. Keine echte, sondern eine aus Plastik, aber die musste sein, unbedingt. Ich war maßlos enttäuscht, weil mir keine geschenkt wurde, und verließ traurig die herrliche Stadt. Wir fuhren nach Hause, ich hatte die Gondel schon fast vergessen, da stand sie zum neunten Geburtstag auf meinem Gabentisch. Glück pur. Ich weiß noch wie heute, wie ich die Gondel in mein Zimmer hochbrachte und dort rechts auf ein Schränkchen stellte.

Der Fehler? Wir wohnten damals noch auf einem Dorf und mein Zimmer lag im Erdgeschoss direkt neben dem Wohnzimmer (ich musste also nichts hochbringen). Rechts im Raum stand mein Bett. Ich hatte also die (vermutlich) korrekte Erinnerung an die Gondelgeschichte in eine andere Zeit und einen anderen Raum

verlegt. In dem Raum, in welchen ich in meiner Erinnerung die Gondel stellte, lebte ich erst eineinhalb Jahre nach dem Aufenthalt in Venedig.
Jeder hat seine Gondeln im Kopf. Nur merken wir das oftmals nicht, weil wir von unseren eigenen Vorstellungen, Erinnerungen und Überzeugungen kritiklos überzeugt sind. Fachleute nennen das die Introspection Illusion. Dagegen hilft nur eines, neben der Möglichkeit, andere um deren Erinnerung zu bitten: schonungslose Selbstkritik.

Kann das überhaupt gewesen sein?
Kann es so gewesen sein?
Stimmen wirklich alle Details?
Was spricht gegen die Geschichte?
Wen könnte ich um Gegenkontrolle bitten?
Welchen Nutzen habe ich davon, mich so und nicht anders zu erinnern?
Was will ich vielleicht gar nicht mehr wissen oder sehen?

Aber nun genug der Selbstkasteiung!
Wir geben eine falsche Vorstellung nicht einfach so auf. Selbst wenn wir wissen oder wissen müssten, dass die Vorstellung falsch ist, behalten wir sie bei. Es ist ein menschliches Phänomen: Auch eine noch so unsinnige innerliche Konstruktion wird erst dann aufgegeben, wenn eine bessere am Horizont erkennbar ist.
Wie kann man das auf den Alltag übertragen und auflösen? Eigentlich ist es ganz einfach. Immer dann, wenn eine einzige (!) Tatsache auftaucht, die eindeutig und realistisch gegen deine Überzeugung spricht, gib diese Überzeugung auf. Da die Geschichte der Menschheit gezeigt hat, dass bis zur Erschaffung einer neuen, besseren Theorie auch Tausende von Jahren vergehen können (denken wir an die Erde als Zentrum des Sonnensystems), solltest du deine Überzeugung auch dann fallen lassen, wenn dir im Moment keine schöne, neue Alternative in den Sinn kommt.

Das Erbe der Verzerrung

So wie ich bin, bin ich in Ordnung.
Aber ist es in Ordnung, wenn Teile in mir nicht wahrhaftig sind?
Inhalte, über die ich bisher sehr klare Vorstellungen hatte?
Dinge, die ich ganz sicher wusste?
Wahrscheinlich gibt es vieles in mir, was genauer Betrachtung nicht standhält.
Nicht alles davon muss ich wirklich überprüfen.
Aber all das, was mich oder andere schädigen könnte.
Ich habe das Recht, meiner eigenen Geschichte gegenüber wahrhaftig zu sein.
Ich habe das Recht, für mich selbst wahrhaftig zu sein.
Denn je weniger ich in der Verzerrung lebe, umso geringer ist mein Risiko für eine Krise.
Wahrhaftigkeit bringt mir den Gewinn der Leichtigkeit.

Die Überwindung der Angst

Hast du viel Freude daran, ohne Seilsicherung schwierigste Felswände zu bezwingen? Riskierst du immer wieder dein Leben? Über Extremkletterer schütteln viele den Kopf und fragen sich: Kennen die keine Angst? Das Gegenteil ist der Fall: Ohne Angst wäre jeder einzelne von denen bereits tot. Darüber hat der Extremsportler Alexander Huber, bekannt aus dem Film „Am Limit", ein Buch geschrieben.[11] Darin können wir lesen, dass die Angst ein stetiger Begleiter ist, der das Überleben sichert, der sensibel dafür macht, den Gefahren adäquat zu begegnen. Die Angst hat ihn weitergebracht und zu Unrecht einen schlechten Ruf.

Was für die Extremsportler gilt, trifft letztlich auf jeden von uns zu. Jeder Mensch hat wahrscheinlich wiederholt jeden Tag Angst. Wer lauthals von sich gibt, er kenne dieses Gefühl nicht, kennt sich selbst vielleicht nicht genügend. Grundsätzlich stellt die Angst kein Problem dar, obwohl sie eine sehr diffuse, kaum greifbare Note hat. Aber sie wird immer zu einem Problem, sobald wir Angst haben, wir könnten wieder Angst entwickeln. Diese sogenannte Angst vor der Angst ist oft das eigentliche Problem. Vermutlich liegt es daran, dass sie kein direkt greifbares Ziel hat, sie schwebt gewissermaßen in uns und ist dabei nicht zu lokalisieren. Wenn wir dann vor diesem Ungreifbaren Angst bekommen, wird sie doppelt diffus – und das ist dann eindeutig zu viel.

Angst vor der Angst ist die Einbildung einer Einbildung, und das scheint schwer aushaltbar. Letztlich ist sie jedoch vermutlich eine klare und direkte Spiegelung der Grundängste.

Die Angst vor der Angst ist ein Rückfall in unsere ganz frühe Kindheit, in der wir noch kein Bewusstsein für unser Ich besaßen.

Angst ist überlebensnotwendig. Sie tritt auf, damit wir blitzschnell auf eine Gefahrensituation reagieren. Stellen wir uns vor, wir gehen gemütlich auf einer Klippe spazieren und auf einmal erkennen wir, dass wir dem Abgrund gefährlich nah gekommen sind. Sofort setzt Furcht ein, zu fallen, und der folgt die Angst vor dem Tod, sodass wir uns schnell von der Gefahr entfernen. Unsere Angst rettete uns schon mehr als einmal das Leben, dessen können wir uns sicher sein. Unsere Reaktionen laufen unbewusst und damit automatisch ab, meistens fliehen wir, selten greifen wir an. Wie sollten wir auch einen Abgrund angreifen? All diese Angstphänomene sind uns irgendwie klar und erst einmal kein Problem. Ein Problem wird Angst erst dann, wenn sie sich auf eingebildete Gefahren bezieht. Hierzu zählt auch die Angst vor der Angst. Sie ist überaus weit verbreitet, ich schätze, 99 Prozent unserer Ängste sind eingebildet. Unsere Wahrnehmung richtet sich auf (noch so verschrobene, aber irgendwie eben „denkbare") Probleme, die zugleich kaum lösbar erscheinen. Und schwuppdiwupp, schon ist die Angst da. Allein die Vorstellung, etwas könne unangenehm sein, genügt.

Wenn wir uns anschauen, was genau „unangenehm" bedeutet, dann gibt es drei große Bereiche. Der eine ist die Fantasie, dass unser Leben in Gefahr sei, also die Angst vor dem Tod. Diese Vorstellung ist wohl bei jedem und ohne einen Anlass möglich. Sie begegnet uns beispielsweise bei Flugangst. Man entwickelt die Idee, das Flugzeug könnte ja abstürzen. Wie fragwürdig dies ist, zeigt sich daran, dass kaum einer Angst vor der Fahrt zum Flughafen hat, die objektiv um mehr als das Tausendfache gefährlicher ist. Außerdem gibt es zwei weitere, sehr bedeutsame Ängste. Stellen wir uns einmal vor, wir haben eine Präsentation zu halten. Ob das nun im kleinen Rahmen oder im großen mit Tausenden von Zuhörern stattfindet, ist dabei fast egal. Viele von uns bekommen davor richtig Muffensausen. Die dabei offenkundige Angst ist, nicht das zu bieten, was gefordert oder erwartet wird, einen Blackout zu haben und den Text zu vergessen und letztlich ausgelacht zu werden. All das sind Ängste, keine ausreichende Leistung zu bringen. „Ich muss das schaffen (koste es, was es wolle)" ist eine mögliche Erwartung an sich selbst, die dahinter steht. Versagensangst ist nicht nur im beruflichen Umfeld weit verbreitet. Wie viele Menschen haben Angst, es in ihrer Beziehung oder im Bett nicht „zu bringen": An diesem Beispiel können wir die Selbsterfüllung von Ängsten verstehen. Ängste verursachen also zum Teil genau das, wovor sie uns warnen wollen. Weil sie diffus sind und deshalb einen innerlichen Raum schaffen, in dem das Versagen gedeihen kann.

Gehen wir zurück zur Präsentation. Da gibt es eine weitere, sich geschickt verbergende Grundangst. Den meisten geht es nicht oder nicht nur ums Versagen. Letztlich befürchten sie, bei einer zu geringen Leistung nicht mehr gemocht zu werden, gemobbt zu werden, entlassen zu werden, in Kurzform: nicht mehr geliebt zu werden. Die Angst vor dem Verlust von Bindungen und Beziehungen ist die Angst vor der Einsamkeit oder eben die Grundangst des Verlassenwerdens. Das ist die dritte grundsätzlich mögliche Angst. Wir können nun jede Situation gedanklich durchspielen, in der wir Angst entwickeln. Wenn wir hinter die eigenen Kulissen schauen, werden wir erkennen, dass es immer eine dieser drei Ängste (oder auch eine Kombination von ihnen) ist.

Angst kann sehr schwer in den Griff zu bekommen sein. Wahrscheinlich funktionieren gegen Versagensängste mentale Tricks noch am besten, wie sie Spitzensportler in ihrem Mentaltraining lernen:[12] Der wichtigste ist, nicht mehr fehlerorientiert zu handeln. Wir haben die Neigung, uns in Angstsituationen auf mögliche Fehler zu fokussieren. Das führt zu enormer Anspannung und zu immer schlechteren, gehemmten Leistungen. Diese nehmen wir wahr und das macht uns noch mehr Angst. Wichtig ist, sich zu verdeutlichen, dass wir Fehler von anderen meistens weniger negativ wahrnehmen und bewerten als von uns selbst. Denke einmal daran, wie es dir geht, wenn du als Zuhörer einen Redner erlebst, der sich verspricht oder mal nicht weiterweiß. Das macht ihn doch nur menschlich und angenehm. Oder sitzt du da und denkst: „So ein Trottel?" Gewiss nicht. Die Angst davor, etwas falsch zu machen, führt oft erst dazu, tatsächlich etwas falsch zu machen. Aber selbst wenn dieser Mechanismus mal einsetzt: Was soll's? Kein anderer straft uns dafür ab, „nur" wir uns selbst. Bitte mehr Gnade mit dir selbst!

Wir sollten uns bemühen, uns für unsere Ängste nicht mehr zu bestrafen, sondern sie zu akzeptieren, sie sind eben im Moment da. In einem solchen Augenblick kannst du dir sagen: „Gut, du bist jetzt da und ich spüre dich genau. Du kannst gern bleiben, aber wenn du magst, dann darfst du auch gehen." Und wenn sie bleibt, die Angst, dann nimm das erst einmal hin. Das Gefühl ist unangenehm, auch das kannst du deiner Angst sagen. Und wenn sie weiter meint, dich triezen zu müssen, dann ist auch das in Ordnung. Nimm also die Energie aus der Situation, die sich durch deinen inneren Widerstand aufbaut. Die Angst können wir nicht unbedingt wegzaubern, aber unseren Widerstand gegen die Angst sehr wohl.

Wenn wir wissen, dass wir am morgigen Tag eine Situation erleben werden, die vermutlich unsere Versagensangst auslöst, dann können wir uns am Abend vorher die Situation genau vorstellen und uns ausmalen, wie alles gut läuft und wir mit viel Lob bedacht werden. Dieses Gedankenspiel hat nicht den Sinn, sich „umzuprogrammieren", sondern indem wir uns der bildlichen positiven Fantasie hingeben und diese im besten Licht ausschmücken, nehmen wir uns selbst den Nährboden, auf dem die Angst in anderen Situationen gedieh.

Kurz vor der angstmachenden Situation nutzen wir nicht mehr unsere Fantasie, sondern unser Erinnerungsvermögen. Vermutlich gab es bereits irgendwann eine gleiche oder ähnliche Situation, in der wir nicht versagt haben. Einen Vortrag, der besonders

gut lief, und sei es die Laudatio für die Großmutter zu deren achtzigsten Geburtstag. Schaffen wir uns also ehrliche Bilder von Situationen, die gut ausgingen. Das ist kein Selbstbetrug, sondern eine wahrhaftige Erinnerung. Dann sagen wir uns: „Damals lief es gut und heute wird es auch so sein."
Außerdem richten wir in dieser Situation unser Augenmerk auf unseren Körper. Vermutlich atmen wir nur flach. Wir nehmen einige sehr bewusste und sehr tiefe Atemzüge, nicht schnell, sondern langsam und erlösend mit jedem Ausatmen. Das erdet uns und bringt uns in den Raum, in dem wir tatsächlich sind, denn unsere Angst findet ja in einem nicht existenten Raum statt, sie ist Fantasie. Manche ermutigen sich sogar, wenn sie zu ihrem Vortrag aufgerufen werden, selbst: „Alle freuen sich darauf, mich nun zu hören. Und ich darf mich auch freuen." Wichtig ist: Wer mit Angst zu tun hat, versucht sie zu vermeiden. Der Preis dieses Verhaltens kann hoch sein. Letztlich kann sich bei wirksamer Angstvermeidung kaum ein interessantes, abwechslungsreiches Leben entwickeln.

Das Maß aller Dinge

Zu viel Salz bringt mich um.
Zu wenig Salz auch.
Zu viel Essen bringt mich um.
Zu wenig Essen auch.
Zu viel Sonne verbrennt.
Zu wenig Sonne macht traurig.
Zu viel Wärme verdorrt.
Zu wenig Wärme macht kalt.
Zu viel Angst lähmt.
Zu wenig tötet.
Wenn ich das nächste Mal Angst spüre, denke ich darüber nach, ob das Maß stimmt. Wenn es zu viel ist, bitte ich die Angst zu gehen.

Positive Gedanken

Positive Gedanken sind etwas anderes als positives Denken. Wie häufig hat man schon den Satz gehört: „Wirf deine Sorgen doch einfach über Bord und denke positiv!" Das bringt einem meist gar nichts. Viel zu allgemein ist diese Empfehlung. Positive Gedanken bedeuten dagegen, sich seine Realität wirklichkeitsnah anzuschauen, ohne überall ein Drama zu sehen. Wie kommt man dorthin, nicht immer gleich das Schlimmste zu vermuten, am Anfang des Konfliktes nicht schon an das mögliche zerstörerische Ausmaß zu denken? Am sinnvollsten ist es, die bisherigen Erfahrungen zu prüfen: Ging wirklich alles schief im Leben? Haben wir immer versagt? Fand kein einziger Mensch uns attraktiv? Sind wir wirklich stetig mit dem eigenen Tod konfrontiert worden? Ist jeder Krach zur Katastrophe geworden? Wahrscheinlich kannst du keine dieser Fragen mit Ja beantworten. Wenn doch: Respekt, aber noch immer lebst du. Und das ist gut so. Du kannst Bücher kaufen und lesen und machst dir Gedanken über dich. Zuversicht ist angebracht.

Während positives Denken dein Leben in eine unrealistische rosarote Wolke hüllt, sind positive Gedanken wichtige, konkrete, individuelle, aufbauende Inhalte, die wirklich mit Leben gefüllt werden können und auf einer wahrhaftigen Basis beruhen. Positive Gedanken unterstützen uns, optimistisch zu werden. Sie richten sich nach vorn, in unsere Zukunft. Manche behaupten, unsere Gedanken hätten die Kraft, einfach so etwas zu verändern. Doch tatsächlich führen sie zu einer Veränderung des eigenen Verhaltens und der eigenen Einstellungen. Sie wirken nur in uns selbst. Sorgenvolle Gedanken bewirken zum Beispiel vor einer anstehenden Prüfung, dass unser Blutdruck steigt und das Herz schneller schlägt. Dadurch fühlen sich Sorgen nie gut an. Vorausgesetzt, du hast genug gelernt, könnte hingegen der positive Gedanke stärkend sein: „Ich habe schon

einige Prüfungen bestanden, vermutlich wird auch die gelingen."
In der Tat aber nutzen die wenigsten Menschen positive Gedanken, um sich zu stärken. Dagegen verbringen viele viel Zeit mit negativen Gedanken. Grübeln bezieht sich gern auf uns selbst. Es ist wie eine „ver-rückte" Form von Selbst(ver)achtung. Man kann sogar sagen:

Wenn du zu viel grübelst oder immerzu denkst und nicht fühlst, schadest du dir.

Grübeln bedeutet, sich immer mehr in negativen Gedanken zu verlieren und sich so langsam eine pessimistische Weltsicht aufzubauen. Meist ist es sehr leise, ganz im Inneren einer Person. Grübeln folgt oft einer Verletzung: „Warum nur hat er/sie mir das angetan?" Und dann werden Ideen zu dieser Frage entwickelt, denn natürlich kennen wir alle Hunderte Gründe, warum einem einer etwas antun könnte.

Grübeln ist umso sinnloser, je schlechter es uns geht. Denn wirkungsvolles Denken und Angst gehen nicht zusammen. Nachdenken bringt uns grundsätzlich dann keinerlei Fortschritt, wenn wir traurig, ängstlich, gestresst, verzweifelt oder angespannt sind. Also weg damit – nur wie? Die erste Chance liegt darin, sich intensiv abzulenken.[13] Das heißt: Wann immer das Grübeln neu beginnt, tust du aktiv etwas anderes, das dich voll ausfüllt. Wenn du beispielsweise gern Musik hörst, solltest du damit unverzüglich beginnen, wenn sich das Grübeln wie ein grauer Schleier über dich zu legen droht. Aber keine Musik, die noch mehr in die Traurigkeit führt, sondern Musik, bei der du mitsingen oder tanzen magst. Die Ablenkung muss also deine volle Aufmerksamkeit beanspruchen und natürlich irgendwie Freude machen. Es ist nicht sinnvoll, Grübeln durch eine verhasste Tätigkeit abzulösen. Oder du rufst jemanden an, der dich auf andere Gedanken bringt. Aber dann nicht das Thema, das dir schwer auf der Seele liegt, "besprechen" wollen! Oder plane den nächsten Urlaub, fahre unverzüglich zum Schwimmen oder suche dir eine andere sportliche Betätigung! Die Ablenkung muss also drei Kriterien erfüllen: Sie sollte dir Freude bereiten, sie darf dir nicht schaden und sie sollte dich voll einnehmen.

Die zweite Chance gegen das Grübeln ist dein Wille, den du nutzen kannst, indem du dem Grübeln laut und deutlich "Nein!" sagst, "Stopp!". Dabei kannst du dir etwas vorstellen, an dem du unbedingt stoppen musst wie an einem Fußgängerweg, über den Kinder laufen. Also: Stopp!!

Die dritte Chance ist, dir zu sagen: "Hallo, liebes Grübeln. Wunderbar, dass du da bist. Aber im Moment passt du mir gar nicht. Ich reserviere heute Abend eine Viertelstunde für dich. Dann darfst du kommen und ich höre mir genau an, was du mir erzählen möchtest." Vermutlich wirst du zu diesem Zeitpunkt keine besondere Lust mehr aufs Grübeln haben.

Als vierte Möglichkeit kannst du dir in einem "Tagebuch des Grübelns" alles von der Seele schreiben, was in dir wirkt. Wenn du dies eine längere Zeit tust, verlierst du vielleicht die Lust am Grübeln.

Eine fünfte Chance bietet die Metaposition oder Hubschrauberperspektive. Dabei fragst du dich: "Spielt das noch eine Rolle, wenn ich ein paar Jahre älter bin?" Oder: "Was werde ich wohl auf meinem Sterbebett zu all dem sagen?"

Grübeln bedeutet auch, von sich selbst zu glauben, die Zukunft vorhersehen zu können – eine Allmachtfantasie. Und die kostet immer Kraft (siehe Kapitel "Fortsetzung der Reise"). Viel besser sind die positiven Gedanken. Und so findest du dorthin: Schenke dir täglich fünf Minuten Zeit und nutze diese, um dir gute Gedanken über dein Leben und deinen weiteren Werdegang zu machen. Und damit es auch Spaß bringt, schreibe dir jeden Tag die drei wichtigsten dieser Gedanken in ein Büchlein.

Wenn dir nach wenigen Tagen oder Wochen die Ideen ausgehen sollten, ist das nicht schlimm: Wiederhole sie einfach. Bis ein konkreter guter Gedanke wirklich nutzt, brauchen wir sicher weit

mehr als 1000 Wiederholungen, manche glauben, ab 10 000 funktioniert es. Nicht zu schaffen? Wieso? Wiederhole deinen zentralen Wunsch zweimal pro Wachstunde, das ist 30-mal täglich, dann hast du spätestens nach einem Jahr das Ziel erreicht.
Übrigens funktionieren gute Gedanken besser, wenn wir sie mit all unseren Sinnen aufnehmen. Also sprich sie laut aus, singe sie, wenn du magst, und überlege dir ein Symbol oder ein Ding, das du mit den positiven Gedanken verknüpfst und dir immer wieder vor Augen halten kannst.

Der Weg zu mir

Mein Weg zu mir kann nicht übers Grübeln erfolgen.
Grübeln führt mich weg von meinem optimistischen Kern.
Mein Weg zu mir wird leicht, wenn ich mich einlade, mir selbst gute Gedanken über mich zu machen.
Vielleicht ist das am Anfang schwer, bestimmt ist es ungewohnt.
Wohin käme ich, wenn ich mir selbst freundlich gesonnen wäre?
Ich käme zu mir – und da will ich ja hin.
Deshalb erlaube ich mir Gedanken wie:
Ich habe heute folgendes Gutes geleistet ...
Ich bin es wert, geliebt zu werden, weil ...
Ich freue mich, wenn ich bei anderen gut ankomme. Das war in der letzten Zeit der Fall bei ...
Ich freue mich, dass ich lebe, denn deshalb ...
Es ist gut, wenn ich die Welt bereichere. Das tue ich im Moment mit ...
Hm, ungewohnt.
Ungewohnt gut.

Die Flucht vor sich selbst

Fantasie ist sehr wertvoll in allen schönen Künsten, bei der Entwicklung neuer Ideen und Techniken, beim Spiel, bei der Lösung von komplexen, wissenschaftlichen Fragen. Aber bei der Einschätzung von anderen Menschen, von sich selbst und von existenten Konstellationen ist Fantasie fehl am Platz.

So manche verbringen ihr Leben in einer Form von Fantasie, die letztlich einer Flucht entspricht. Beobachten wir einmal eine erfolgreiche Frau, Managerin in einem großen Unternehmen: Im Moment leitet sie ein Meeting und versucht einer langweiligen Präsentation zu folgen. Ihre Gedanken schweifen ab und sie denkt an das Workout im Fitnessstudio zu Beginn ihres Feierabends. Endlich liegt das Meeting hinter ihr und sie beginnt mit Aerobic. Wie automatisch macht sie die Bewegungen, da schweifen ihre Gedanken wieder ab zu dem späteren Treffen mit ihrem Freund. Beim gemeinsamen Abendessen denkt sie daran, mit ihm endlich im Bett zu landen. Schließlich ist es so weit, und während er sich abmüht, hat sie schon ihre eigene Präsentation, die sie morgen vor dem Vorstand zu halten hat, im Kopf.

Das ist heute ein typisches Leben, eine stetige Flucht; dazu gehören auch die Zeitnot und das Weglaufen vor dem Endgültigen. Die erfolgreiche Managerin ist kein einziges Mal innerlich dort, wo sich ihr Körper im Moment befindet.

Im Gegensatz dazu steht der Flow, ganz im Hier und Jetzt aufzugehen und darüber die Zeit zu vergessen. Ein wundervoller Zustand, den jeder von uns kennt. Vielleicht aus der Arbeit, von einem Hobby oder aus dem Urlaub. Flow bedeutet, einfach nur das zu tun, was man tut, und das mit vollem Einsatz. Er entsteht, wenn ein passendes Gleichgewicht zwischen den Anforderungen, unseren Fähigkeiten und Wünschen besteht. Also wenn alles stimmt.

Wenn wir von uns kennen, dass wir immer wieder in Fantasien und Illusionen aus dem Moment fliehen, statt ganz da zu sein, ist dies ein deutlicher Hinweis auf eine unzureichende innere Balance. Flow hat ganz viel mit Genuss und dem Auskosten der Gegenwart zu tun. Wenn wir im Flow sind, erschöpft uns das Tun allenfalls angenehm. Wir genießen, was wir tun.
In der Tat ist es aber viel öfter so, dass wir gedanklich in die Vergangenheit oder die Zukunft fliehen. Wir werden nostalgisch oder haben Wunschträume. Immer wieder gibt es Momente, in denen wir glauben, das Wichtige käme noch. Wir reden uns ein, morgen, übermorgen, wann auch immer, wäre es so weit. Das ist grundsätzlich fragwürdig. Wir leben immer nur heute. Gestern nicht mehr und morgen noch nicht. Das bedeutet, wir können nur heute genießen, nur heute Glück erfahren, nur heute uns reich fühlen.

Gute Erinnerung: schön. Vorfreude: in Ordnung. Aber nur weniges ist Wirklichkeit. Dein Leben findet nur heute statt, sonst nie.

Wer feststellt, dass seine vermeintliche Lebensfreude mit der Reduktion von Illusionen abnimmt, flüchtet sich gern in neue. Aber ist das wirklich die einzig mögliche Lösung? Gewiss nicht! Immer sollte es die Wahrhaftigkeit sein, das Ehrliche, das Authentische, aus dem wir Freude schöpfen können.
Um sich selbst möglichst wenig wahrnehmen zu müssen, gibt es viele Ablenkungen. Manche scheinen leicht und angenehm: Sex, Shoppen, Internetsurfen, Essen (zu viel, zu oft, zu süß, zu fett), Trinken (oftmals alkoholische Getränke), Telefonieren, Fernsehen, Sport, am Ich als Marke feilen. Andere sind ungeliebt, erfüllen aber den gleichen Zweck: Das sind manche Krankheiten, viel Arbeit, die man sich aufbürdet, sowie Grübeln und Katastrophisieren. Natürlich sind die 80-Stundenwochen-Arbeitsfreaks der festen Ansicht, sie müssten so viel arbeiten, sonst gehe die Welt unter, zumindest die eigene. Schauen wir die angenehmen

Ablenkungen genauer an, sind die meisten zumindest in der Form, in der sie betrieben werden, dann doch eher ungünstig, vor allem, wenn sie mit Suchtverhalten einhergehen.

Ablenkungen von sich selbst sind ungesund oder unklug.

Es gibt zwei aufschlussreiche Fotos, die in einem zeitlichen Abstand von nur acht Jahren entstanden sind. Das eine am 19. April 2005 und das andere am 13. März 2013. Es sind die Tage, an denen die Päpste Benedikt und Franziskus gewählt wurden. Noch 2005 tauchten die Bildschirme von Smartphones nur ganz vereinzelt auf dem Petersplatz in Rom auf. 2013 sah man den Himmel vor lauter Bildschirmen nicht mehr. Man gewann den Eindruck, es sei eine Showveranstaltung mit hunderttausend Journalisten, die ja eine gewisse Distanz wahren müssen. Handeln sie zu selbstbezogen, leidet die vermeintliche Objektivität und damit die Qualität der Berichterstattung. Auch das Mikrofon und die Kamera helfen dabei, Abstand vom Geschehen zu halten. Aber wir alle sind keine Journalisten, auch und erst recht nicht, wenn wir der Verkündung eines neuen Kirchenoberhaupts beiwohnen. Diese Fixierung auf Bildschirme lenkt uns vom Geschehen ab. Wenn wir uns sagen, „Ich schaue es mir in diesem Moment an", können wir auf jedes Foto verzichten, weil wir unmittelbar dabei sind.

Jeder Bildschirm schafft eine unüberbrückbare Distanz zum Geschehen. Jeder Bildschirm trennt uns vom Erleben, vom eigenen Dabeisein. Bildschirme sind Instrumente des Scheins, der Illusion. Bildschirme verhindern oder nehmen Gefühle.

In Deutschland verbringen Erwachsene mit überdurchschnittlicher Bildung mehr als vier Stunden täglich vor Bildschirmen, die mit geringerer Bildung sitzen noch mal eine Stunde pro Tag länger davor. Dabei ist noch immer der Fernseher führend. Aber auch das Internet bietet immer mehr Chancen der Flucht. Wer zu viel auf den Bildschirm starrt, sollte sich nicht wundern, wenn er zu wenig Zeit für wirklich Wichtiges in seinem Leben hat. Die daraus resultierende Zeitnot nimmt uns ein Gutteil des Gefühls von Freiheit: Die vermeintlich freie Entscheidung, auf einen Bildschirm zu starren und somit nicht mehr an der realen Welt und seinem eigenen Leben teilzunehmen, führt über den „Umweg" der mangelnden Zeit zu einem Gefühl von Unfreiheit. Sobald wir auf dem Schirm sind, sind wir nicht mehr bei uns selbst. Denn in uns und nicht außerhalb von uns findet das Leben statt.

Aber wovor fliehen wir eigentlich genau? Die Auswahl ist groß: vor dem Tod, vor dem Schmerz, vor Unklarheiten, vor Unstimmigkeiten, vor Entscheidungen. Vielleicht fliehen wir am meisten vor der Erkenntnis, ganz normale Menschen mit normalen Fähigkeiten, einem normalen Leben mit normalen Problemen, normalen Erkrankungen und einem normalen Ende zu sein. Dann wäre das Leben auch normal leicht. Lieber machen wir es uns schwer. Ein stetig aktives Handy bedeutet zum Beispiel ununterbrochene Erreichbarkeit und bietet uns so die Flucht vor uns selbst. Darüber hinaus ist es die Illusion, jede Gefahr damit ausräumen zu können – als sei es eine Notfallnabelschnur zu einer höheren Instanz. Ein eingeschaltetes Handy nimmt dir die Freiheit, für dich zu sein, gleich, ob einsam auf dem Berg oder unter Tausenden in der Innenstadt. Denn: Erreichbarkeit bedeutet Störbarkeit.

Lasse dich nur noch stören, wenn du es willst.
Ansonsten schalte dein Handy aus.

Auf Ablenkungen weitgehend zu verzichten gibt uns die Chance, uns von Belastungen zu lösen. Denn eine Flucht ist bei wesentlichen Themen auf Dauer entweder nicht möglich oder sehr anstrengend. Zu sich selbst zu kommen bedeutet auch, die Verantwortung für alles, was man tut, und alles, was man lässt, zu übernehmen. Natürlich kann sich das auch manchmal schwer anfühlen. Für kurze Zeit vielleicht. Aber dann wird es wieder leicht.

Schluss mit Ablenkung

Meine Bedeutung kann ich mir selbst geben. Das ist wie ein Geschenk an mich selbst. Deshalb sage ich mir: Für mich bin ich wichtig. Ob ich für andere wichtig bin, dürfen die anderen entscheiden. Von deren Entscheidung ist meine Bedeutung für mich niemals abhängig.
So wie ich bedeutsam für mich bin, gibt es andere Menschen, die mir wichtig sind. Für Menschen, die mir wichtig sind, trage ich dann Verantwortung, wenn sie diese selbst nicht tragen können.
Für alles, was mich selbst betrifft, trage ich ohne Wenn und Aber die volle Verantwortung.
Ich bin nicht für all das Schlimme verantwortlich, das auf der Welt tagtäglich geschieht.
Etwas anderes lasse ich mir nicht mehr einreden.
Meine Verantwortung hört bei meiner eigenen Grenze auf. Innerhalb dieses Bereichs bin ich voll und ganz für alles zuständig, was ich entscheide, tue und auch, was ich nicht tue.

Ich bereue nichts

Manche glauben an Reinkarnation, daran, wie es wörtlich heißt, „wieder ins Fleisch" zu kommen. Aber kein Mensch glaubt, als der wiedergeboren zu werden, der er heute ist. Das widerspräche auch allem Wissen über die körperliche Einmaligkeit des Menschen, die sich an Dingen wie dem Fingerabdruck oder dem Immunsystem zeigt. Unser Körper kommt dementsprechend einmal auf die Erde und niemals mehr wieder.

Wer an seine Wiedergeburt glaubt, tut dies, weil er mit seinem jetzigen Leben nicht zufrieden ist und meint, später alles besser oder anders zu haben oder zu machen. Tun wir es doch jetzt! Warum wollen wir bis zum nächsten Leben warten? Abgesehen davon: Woher kommt die Idee, beim nächsten Mal bessere Karten zu ziehen? Unser Körper ist nicht nur eine Hülle, sondern ein wesentlicher Teil, der unsere Erlebnisse so filtert, dass sie zu unserer eigenen Welt passen. Das bedeutet, ein anderer Körper (zum Beispiel hässlich statt hübsch oder klein statt groß oder dick statt schlank oder kurzsichtig statt normalsichtig) formt auch unser Leben anders.

Selbst wenn ich der Überzeugung wäre und es zuträfe, dass ich ein nächstes Mal auf die Erde komme, spielt dies doch für mein jetziges Leben absolut keine Rolle. Keiner kann bestimmen, wann und wie er wiederkommt. Alles, was sich so im Bereich von Idee und Vorstellung bewegt, verschafft einem allenfalls das Trugbild eines Trostes. Ohnehin – warum in die (zeitliche) Ferne schweifen, wenn das Gute so nahe liegt? Genau das Gleiche gilt für die Idee eines Paradieses, das angeblich auf uns nach dem Tod wartet – und die Vorstellung des Fegefeuers. In all diesen Konstruktionen kann gewiss ein großer Trost liegen, aber es sind nur die zweitbesten Lösungen. Besser ist es, sich auf das Heute zu besinnen.

> Wer das Gefühl hat, dass er einen fundamentalen
> Trost braucht, sollte dies als Aufforderung verstehen,
> sein Leben sofort zu ändern. Es ist viel zu kostbar, um
> es sich zurechtbiegen zu müssen. In der Kostbarkeit
> unseres Lebens steckt die Leichtigkeit unseres Seins.

Warum soll Leichtigkeit in unser Leben einziehen? Das ist ganz einfach: Wir leben bewusst ein einziges Mal, vor unserer Zeugung gab es uns nicht und nach unserem Tod wird es uns auch nicht geben. Wir haben also eine einzige Chance. Welche Verschwendung wäre es, dieses eine Leben nicht voller Begeisterung, voller Freude daran und voller Interesse zu leben!

> Der eigene Tod ist der erhobene Zeigefinger, der uns
> daran erinnert, das Leben zu jeder Zeit voll auszukosten.

Nicht nur mit der Reinkarnationsidee schützt sich der Mensch vor der Angst vor dem Tod. Auch exzessive Religiosität, die maßlose Anhäufung von Wohlstand und materiellen Dingen, die blinde Gier nach Macht und Ruhm können diese Funktion erfüllen. Das alles täuscht uns Unsterblichkeit vor.

Wer sich vor dem Tod abschirmt, schirmt sich auch vor dem Leben ab. Da der Tod das sichere Ende des Lebens bedeutet und er durch nichts definiert werden kann, außer, dass das Leben fehlt, ist er ein Teil des Lebens, der es abschließt. Wenn wir aber das, was immer Bestandteil eines Ganzen ist, ausschließen, wird das Ganze nicht mehr heil. Dabei ist es eigentlich einfach:

> Wo ich bin, ist das Leben.

Ebenso gilt: Wo ich nicht bin, lebe ich nicht und dort ist auch kein Leben für mich. Diese Erkenntnis geht auf einen griechischen Philosophen zurück, der vor fast 2500 Jahren lebte, Epikur. Er sagte: „Wo ich bin, ist der Tod nicht. Wo der Tod ist, bin ich nicht." So mancher hat Angst, am Ende seines Lebens feststellen zu müssen, so einiges verpasst zu haben. Der Psychologe und Autor Irvin Yalom nennt das die positive Korrelation zwischen der Angst vor dem Tod und dem Gefühl des ungelebten Lebens.[14] Wem solche Gedanken nicht fremd sind, sollte sich bewusst folgende Frage stellen: „Was kann ich in meinem Leben jetzt tun, damit ich in wenigen Jahren nicht voll Bedauern zurückblicke?"

Gehe im eigenen Leben den Weg, auf welchem du nicht weiter Bedauern anhäufst. Genau das bedeutet ein Leben in Leichtigkeit und mit Freude. Beantworte dir deshalb folgende Frage: Was muss ich in meinem Leben ändern, damit ich ab jetzt nichts mehr bedauern werde?

Am besten funktioniert dies mit Zielen, die du in anschauliche und ansehnliche Bilder übersetzt. Damit optimierst du zugleich deinen Optimismus (siehe Kapitel „Das Prinzip Glück").
Zurück zum Gefühl, etwas verpasst zu haben: Je geringer die Zufriedenheit ist, umso größer wird die Angst vor dem Tod sein. Denn je mehr wir meinen, etwas versäumt zu haben, je mehr wir uns nach einem anderen, erfüllteren Leben sehnen, umso mehr werden wir den Tod fürchten, der einen jeder Chance beraubt.

Deine höchste Aufgabe ist, lebens-satt zu werden.

Doch die wenigsten dürften sich auf das eigene Ableben freuen. Was kann tatsächlich Trost spenden? Mir hilft ein eigenes Erlebnis: das der Königin der Nacht. Es ist eine Blume, die nur eine Nacht lang blüht, eine wunderschöne große Blüte an einem eher unscheinbaren Kaktus. Auf eine solche Königin der Nacht habe ich einmal, da muss ich etwa 13 Jahre alt gewesen sein, bei unserem Nachbarn gewartet. Ich staunte wochenlang vom Bürgersteig aus voll Begeisterung in sein Wohnzimmerfenster und beobachtete, wie die Blüte immer größer wurde, aber geschlossen blieb. Unser Nachbar bekam das mit und versprach, mich anzurufen, wenn die Blüte in der Nacht aufgehen würde. Er hielt sein Versprechen, und in der entscheidenden Nacht ging ich kurz vor dem Zubettgehen raus und bestaunte die Blüte. Ich war begeistert, sie zu sehen. So schön und so vergänglich. Niemals hätte ich gesagt: „Schade, dass sie nur eine Nacht blüht." Ich habe sie auch niemals bedauert. Gerade ihre Art des raschen Auf- und Verblühens war das Ergreifende und Erfüllende.

Die Dauer entscheidet nicht über den Wert des Lebens.

Selbst einer Blüte für eine Nacht kannst du entgegenfiebern und wirst für immer froh sein, sie gesehen zu haben. Die zeitliche Beschränkung entwertet weder die Schönheit noch die Vollkommenheit. Die Bedeutung von etwas hat nichts mit der Zeit oder der Dauer zu tun, sondern ausschließlich damit, was es mit uns macht und was wir daraus für unser eigenes Leben machen. Vergänglichkeit beeinflusst niemals die für uns wesentlichen Inhalte. Je älter wir werden, umso besser schafft es unser Gehirn, sich gegen äußere Einflüsse abzuschotten. Das ist von Vorteil in vielen Berufen, um sich auf die wesentlichen Inhalte zu konzentrieren. Und es ist von Vorteil, wenn wir uns selbst näher kommen wollen, weil wir uns von unseren Mitmenschen nicht mehr so ablenken lassen. Unser Gehirn lernt also: Die Beschränkung der Möglichkeit eines Genusses steigert dessen Bedeutung und Kostbarkeit. Gestalte deshalb dein Leben als wertvolles Geschenk.

Für manche bedeutet es einen Trost, zu wissen, dass sie viel mehr hinterlassen, als ihnen bewusst ist. Das mag ein Lächeln sein, welches einem anderen Menschen einmal geholfen hat. Es können bleibende Werke wie eine wunderschöne Gartenanlage sein oder Musikaufnahmen, besondere Fotos. Alles, was andere nach unserer Zeit begreifen können.

Das Einzige, was von uns erhalten bleibt, ist das, was wir anderen gegeben haben (und das meint weit mehr als ein materielles Erbe), denn in ihnen lebt es weiter.

Nicht zuletzt trösten eigene Kinder, die uns lebhaft zeigen, dass das Leben weitergeht – sogar mit Anteilen, die von uns selbst stammen.

Der Schatten, der später kommt

Umarme den Schatten des Todes, aber nimm ihn nicht mit.
Gehe dann und schaue, wo du mitfühlen kannst, wen du lieben kannst und was du tun kannst.
Gehe dann und schaue, dass alle deine Erfahrungen einen einzigen Sinn haben: Sie sollen verloren gehen.
Gehe dann und schaue dich selbst an.
Schaue, wie du dich selbst verwirklichen kannst, nicht deine Ängste, nicht deine Begierden, sondern dein Selbst.
Nur dessen Wirkungen werden bestehen bleiben.
Das, was bleibt, ist das, was du hierlässt.

Es ist, wie es ist

Wie oft können wir den Satz lesen oder hören: „Was du säst, das erntest du." Grundsätzlich stimmt das, aber ein genauerer Blick lohnt auch hier. In einem erfolgreichen Buch wurde statt der Saat ein Fleischwolf als Sinnbild für das Leben genannt: Mit Schweinefleisch befüllt, könne er natürlich keine Kalbfleischwurst auswerfen. Aber das Leben ist eben keine Maschine und erst recht kein Fleischwolf. Meist können wir nicht überblicken, was wir investieren und was daraus entsteht. Das Wenigste im Leben läuft linear ab. Zumindest im zwischenmenschlichen Bereich – und der ist der wichtige – gibt es viel mehr als eine Ursache und eine Wirkung. Oftmals sind es uns vollkommen unbekannte Faktoren, die unser Leben maßgeblich beeinflussen. Es ist also eine Illusion zu glauben, man hätte alles in der Hand.

Vermutlich wirst du zunächst zustimmen, wenn du liest, dass man nicht alles in der Hand hat. Aber dennoch glauben wir es allzu gern, wenn jemand uns versichert, wir könnten unser Leben komplett selbst steuern. Dabei zeigt uns jede Erkältung, wie ohnmächtig wir uns fühlen können. Doch sobald wir wieder gesund sind, freuen wir uns an unserer scheinbaren Allmacht. Ab und zu ernten wir wirklich das, was wir gesät haben, aber bei Weitem nicht immer. Wie bekommt man dennoch Leichtigkeit ins Leben? Dennoch? Nein, genau deshalb! Sobald wir die Vorstellung oder den Wunsch aufgeben, alles selbst in der Hand zu haben, müssen wir nicht mehr alles tun, um die scheinbare Macht in der Hand zu halten. Zugleich sollten wir nicht fliehen, indem wir meinen, wichtige Entscheidungen an eine höhere Macht abgeben zu können. Es geht darum, so weit wie möglich eigenverantwortlich unser Leben auszukosten. Ein Beispiel für diese Einstellung zeigt der Hundertjährige im Roman von Jonas Jonasson.[15] Der Protagonist erlebt persönlich viele der Herrscher und Diktatoren des vergangenen Jahrhunderts, zeigt praktisch nie Angst, eher reine (aber nicht wirklich reife) Gleichgültigkeit. Diese basiert auf einem einzigen Satz, einer vermutlich recht klugen Einstellung: Es ist, wie es ist, und es kommt, wie es kommt. Dieser Satz ist das Gegenteil von Aktionismus und auch das Gegenteil von Allmacht. Fühlt er sich ohnmächtig an? Nein, eher abgeklärt. Man kann einwenden, das sei Fatalismus. Der Verdacht liegt nahe. Aber Fatalismus bedeutet, sich dem Schicksal zu ergeben. Vielmehr ist es eine abgeklärte Einstellung, die erkannt hat, dass nicht zu ändern ist, was ist, und dass zunächst das, was auf einen zukommt, auch nicht zu ändern ist. Aber wenn es gekommen ist, haben wir die Möglichkeit zu agieren, indem wir unsere Einstellung überprüfen und unser Verhalten optimieren. Deshalb zur Klarstellung:

Es ist, wie es ist, und es kommt, wie es kommt. Aber was du daraus machst, ist allein deine Entscheidung.

Wenn wir in einer Partnerschaft leben und der eine sagt, er wolle dieses Jahr nach Fuerteventura in Urlaub fliegen, und der andere stimmt dem gern und sofort zu mit „Toll, genau das wollte ich auch vorschlagen", dann empfinden wir das nicht als Sieg oder Niederlage, es ist keine Frage der Macht daraus geworden. Was Macht ist, können wir an unserem Staat fühlen, der uns Zahlbescheide schickt. Er hat die Macht, gegen unser Widerstreben diese Zahlungen abzufordern.
Wer einmal versucht hat, auch nur schlichten Kopfsalat auszusäen, wird folgende Erfahrung gemacht haben: Viele der Samenkörner gehen auf, manche aber nicht, und bei Weitem nicht alle Minipflänzchen entwickeln sich trotz scheinbar gleicher Bedingungen zu prächtigen Köpfen. Und noch etwas: Bis der Mensch einschritt, säten sich Pflanzen immer nur selbst aus. Diese zufällige Form der Aussaat ist auch beim Menschen die letztlich

häufigste. Oftmals merken wir gar nicht, was wir gesät haben, und können es dennoch ernten, im Guten wie im nicht so Guten.

Leichtigkeit tritt in dein Leben, wenn du vieles laufen lässt, statt alles im Griff haben zu wollen. Auch zur eigenen Ohnmacht stehen zu können erleichtert ungemein.

Ohne Macht

Ich kann nicht.
Ich kann nicht mehr.
Muss ich können?
Sollte ich können?
Kann ich können?
Nichts von dem.
Manchmal gibt es eben Momente, in denen ich nicht kann.
Dann muss ich auch nicht können.
Meistens ist es richtig, zu meiner Schwäche zu stehen.
Im Wissen, sie ist ein Tal, aus dem ich herauskomme.
Mit neuer Kraft.
Mit Zuversicht.
Dann kann ich wieder.

Kontrolle und Zufall

Ein mögliches Hindernis auf dem Weg zu mehr Leichtigkeit im Leben kann sich bis zur seelischen Erkrankung auswachsen: der Wunsch nach Kontrolle. Die meisten wissen davon ein Lied, zumindest ein Liedchen zu singen. Dabei ist die Auswahl dessen, was wir kontrollieren wollen, unerschöpflich. Es beginnt bei der ausgeschalteten Herdplatte – ist die wirklich aus? –, geht weiter über das Essen – ist das wirklich gesund? – und endet noch lange nicht beim Partner – ist der mir wirklich treu und die beste Wahl? Mithilfe von Kontrolle versuchen wir zwei sehr verschiedene Dinge im Griff zu behalten: mich und mein Verhalten sowie meinen Partner oder andere Personen in meinem Umfeld. Zum anderen steigert Kontrolle unser Selbstwertgefühl. Denn wenn wir die Situation kontrollieren, fühlen wir uns stark. Wer uns nun rät, auf Kontrolle zu verzichten, weil alles doch ohnehin nur eine Illusion sei, verkennt, welchen Gewinn wir davon haben. Deshalb werden wir Kontrollverhalten nur aufgeben, wenn wir auf andere, sinnvollere Weise unseren Selbstwert finden und unsere Haltung zum Thema Ohnmacht oder Macht klären.

Dies ist unerlässlich für mehr Leichtigkeit im Leben. Denn in Wirklichkeit können wir fast nichts von dem verändern, was uns umgibt. Wer glaubt, das meiste läge in seiner oder ihrer Macht, täuscht sich gewaltig. Versuche einmal, ein kleines Kind davon zu überzeugen, etwas zu essen, was es nicht mag. Schon entzieht sich der Vorgang deiner Macht. Das meiste entzieht sich auch unserer Kontrolle. Wir haben niemals 100 Prozent die Macht über eine Situation oder unser Leben, auch wenn wir uns das so erträumen. Es sind noch nicht einmal 50 Prozent, nicht einmal 10. Es sind vielleicht 5 Prozent. Und: 5 Prozent sind verdammt viel! An diesem Anteil zu arbeiten, ihn sich zunutze zu machen – das beschreibt den Unterschied zwischen einem aktiven, selbstbestimmten Leben und einem Leben als Opfer.

Wer über alles und jeden Kontrolle oder Macht ausüben will, befasst sich vielleicht auch mit dem Zufall, den es oft im Leben gibt, dessen Ergebnissen wir häufig Bedeutung zuschreiben. Wer will schon einfach so einen Hauptgewinn gezogen haben oder in einen schweren Unfall verwickelt worden sein? Wer will schon zufällig seinen Traumpartner getroffen haben, unter den sieben Milliarden Menschen war er doch der einzige, der kommen konnte. Die Überlegungen zum Phänomen der Kontrolle machen uns klar: Wir schreiben einem Zufallsergebnis vor allem Bedeutung zu, weil wir uns dadurch selbst machtvoller und bedeutsamer fühlen! Mehr Leichtigkeit ins Leben bringt jedoch dieser Gedanke:

Wir Menschen sind so und so bedeutsam. Für dich solltest du selbst das Bedeutsamste der Erde sein.

Und schon ist es vollkommen egal, ob das Wundervolle oder das Furchtbare Schicksal, Fügung, Bestimmung, Zufall oder Vorhersehung ist oder nicht. Denn wichtig sind wir selbst und nicht das, was auf uns zukommt: Dein Leben wird leicht, wenn du nicht mehr in alles etwas hineininterpretieren musst. Denn oftmals gilt: Es ist, wie es ist, und es kommt, wie es kommt. Einfach so. Diese Haltung entlastet uns von bedeutungsschwangeren Interpretationen der Geschehnisse.

Die Welt ist voll von Zufällen. Aus dem richtigen Umgang mit ihnen können wir viel gewinnen. Jeder Zufall kann und darf vollkommen sinnlos erscheinen, aber nicht das, was wir dann damit tun – das sollte sinngebend sein. In uns kommt dann vielleicht die Frage auf: „Was hat das mit mir zu tun?" Die Antwort auf vieles, das uns in dieser Weise im Leben begegnet, kann nur sein: „Nichts." Und mit dem „Nichts" können wir es loslassen. Sobald wir meinen, uns mit welchem Zufall auch immer in einen (nicht vorhandenen) Kontext zu bringen, sind wir in diesem gefangen. Wer einem Zufall irgendetwas andichtet, bindet sich an das Geschehen und vermindert auf diese Weise die Leichtigkeit seines Seins.

Dann schlägt die Stunde des Narzissten, der unbedingt alles auf sich beziehen will. Er antwortet nämlich auf die Frage, was das mit ihm zu tun habe, mit: „Es muss etwas mit mir zu tun haben und das werde ich noch herausfinden." Und wir können sicher sein, er wird so lange grübeln, bis er einen vermeintlichen Zusammenhang findet. Wie gut wäre diese Kreativität an anderer Stelle untergebracht!

Es gibt Menschen, die wollen allem Bedeutung geben, was sie umgibt oder betrifft. Möglicherweise überdeckt das die von diesen Menschen empfundene eigene Bedeutungslosigkeit. Indem sie etwas, das einfach so geschieht, groß aufblasen, wird es zu einem persönlich bedeutsamen Erlebnis. Es ist also letztlich ein Versuch, den eigenen Selbstwert zu stabilisieren. Doch sie erreichen genau das Gegenteil. Denn sie orientieren sich damit immer mehr am Außen. Auf diese Weise lenken sie sich nicht nur von sich ab, sondern sie degradieren ihren eigenen Wert.

Es führt zu höherem Selbstwert und zugleich zu mehr Leichtigkeit im Leben, wenn du Zufälle als Zufälle verstehst.

Was fällt, fällt

Mein Leben wird leicht, wenn ich mich nicht mehr um Dinge kümmere, die mit mir nichts zu tun haben.
Die Welt ist voll von Ungerechtigkeit.
Sie ist voll von Aggression.
Sie ist voll von Drama.
Voll von Geschehnissen, die besser nie passiert wären.
Ich habe ein Recht dazu, das Ausmaß meiner Beteiligung an all dem selbst zu bestimmen.
Wenn ich Gutes tue, tue ich dies nicht für die Welt, sondern für den Einzelnen.
Ich habe das Recht, es selbst zu entscheiden.

Prinzessinnen und Ritter

Viele Menschen richten wesentliche Teile ihres Lebens und ihres Strebens danach aus, mit anderen zu wetteifern. Das ist grundsätzlich weder verboten noch schlecht, in der Realität jedoch führt es zu Stress. Wenn ich mir selbst den Druck mache, besser sein zu wollen als der andere, wird dies zu keinem Gefühl der Leichtigkeit führen: Bewertungen und Vergleiche kosten viel Energie und ziehen dich viel häufiger herunter, als dass sie dich aufbauen. Dennoch sind Vergleiche und Bewertungen überlebensnotwendig. Wesentlich ist zu erkennen, in welchen Situationen und bei welchen Inhalten uns Vergleiche weiterbringen und in welchen sie uns beschweren und behindern. Zunächst zum Guten: Wenn wir unsere Ziele mit unseren Gefühlen in Einklang bringen, und dies auf einer möglichst erwachsenen Ebene, dann bringt uns der Vergleich uns selbst näher. Nehmen wir als Beispiel das Ziel eines jungen Mannes, der berühmteste Zauberer der Welt zu werden. Dafür verbringt er lange Zeit vor Internetvideos, in denen die Illusionen aufgedeckt werden. Er übt mit Karten auf Kindergeburtstagen, um seine Wirkung auf das Publikum zu testen und zu optimieren. Er gibt richtig viel Geld aus für käuflich zu erwerbende Tricks. Nach zwei Jahren fühlt er sich schon wie ein kleiner Copperfield. Nur – die Aufträge lassen auf sich warten. Er gibt nicht auf, legt sich einen klangvollen Künstlernamen zu, gestaltet eine Internetseite. Er versucht, so viele wichtige Leute wie möglich kennenzulernen und von seinen Fähigkeiten zu überzeugen. Doch die Aufträge bleiben noch immer aus. Schließlich wendet er sich an einen Berater, der mit ihm erarbeitet, worum es dem jungen Mann wirklich geht: Er sehnt sich nach Macht, die er auf der Bühne zu fühlen meint, und er sehnt sich nach dem großen Mentor, der ihm das sein soll, was ihm der eigene Vater nie war: Führungskraft. Schließlich versteht der junge Mann, dass er sich auf seine Gefühle verlassen kann, denn diese zeigen ihm, wohin er eigentlich wollte. Weder auf die Bühne noch in die Berühmtheit, sondern in eine geborgene, familiäre Situation, die ihn von den vielen kindlichen Gefühlen eigener Ohnmacht wegführt. Das Zaubern war sein Versuch, erwachsen zu werden und damit auf einer Showbühne das zu erreichen, was er im Leben bisher vermisst hat. Nun, als ihm klar wird, was er will, kann er sein Streben nach Weltruhm aufgeben und sich dorthin wenden, wo sein Schmerz sitzt, um ihn aufzulösen. Denn wenn er begriffen hat, kann er loslassen.

Vergleiche mit der eigenen Gefühlswelt sind höchst sinnvoll und weiterführend, Vergleiche mit anderen sind viel eher destruktiv und belastend als aufbauend.

Vergleiche mit anderen führen nicht selten zu Gefühlen wie Missgunst, Hass und Neid (siehe Kapitel „Eifersucht & Co. sind zähe Klebstoffe"). Neid ist grundsätzlich in Ordnung, denn er bedeutet nur, dass wir haben wollen, was der andere auch hat. Beim Neid lassen wir dem anderen also seines. Erst die Missgunst, die dem anderen etwas nicht gönnt, ist gefährlich. Das bedeutet, sie verletzt die Grenze des anderen und ist somit ein indirekt ausgeführter Angriff. Verzichten wir darauf und schauen in jedem Moment, in welchem wir Missgunst spüren, was wir eigentlich wollen, warum wir das wollen, was wir nicht haben, und ob wir wirklich damit glücklich wären. Wenn wir dann zum ehrlichen Ergebnis gekommen sind, es wirklich zu brauchen, steht in der Folge nur noch die Frage an, wie wir es uns beschaffen, ohne andere zu verletzen. Wenn wir zu unserer Missgunst auf eine ehrliche Distanz gehen, werden wir jedoch in aller Regel verstehen, dass wir mit dem, was wir unbedingt wollen, auch nicht glücklicher sein werden, weil es uns um etwas ganz anderes geht. Denn es gibt eine Regel, die ohne Ausnahme gilt:

Materieller Reichtum kann das Gefühl von Mangel in der Seele nicht lösen.

Es ist mit noch so viel Geld unmöglich, Seelenfrieden zu erlangen. Man kann weder Glück noch Gesundheit kaufen. Das musste 1973 auch der griechische Milliardär Onassis verstehen, als er mit 69 Jahren eine Lungenentzündung nicht überlebte. Ebenso erging es 2011 dem noch reicheren Steve Jobs, der mit 56 Jahren an einer Krebserkrankung starb.
Warum schreibe ich das hier? Weil Missgunst fast immer seelische „Mangelzustände" wie fehlenden Selbstwert als Auslöser hat. Man kann vereinfachend sagen, wer jemand anderem etwas missgönnt, sollte sich rasch in eine aufdeckende Beratung begeben, da er in einer (klein)kindlichen Situation festhängt.
Vergleiche sind nur sinnvoll, um einen zu erwartenden Wert einzuschätzen. Ein Beispiel, das die meisten Eltern kennen werden: Wer sein Kind zu den Vorsorgeuntersuchungen beim Kinderarzt vorstellt, wird sehen, wie der Arzt die Körpergröße und das Gewicht in ein Schema einträgt. Damit kontrolliert er, ob die Entwicklung erwartungsgemäß abläuft. Ein anderes Beispiel aus dem Autofahreralltag: Wir alle wissen, wie sich unser Auto anhört. Wenn dann ein ungewöhnliches Geräusch auftritt, werden wir aufmerksam.
Ansonsten schaden Vergleiche nur. Es gibt drei mögliche Ergebnisse: Am unwahrscheinlichsten sind wir genau gleich wie unser Vergleichsobjekt. Das ist in der Regel ernüchternd. Viel wahrscheinlicher ist, dass wir feststellen, dass es uns schlechter geht: Der andere verdient mehr als wir, hat ein größeres Haus, die teurere HiFi-Anlage, mehr Sex, weniger Falten, ist trainierter oder schlanker. Diese innerliche Frustration führt dazu, dass wir uns minderwertig fühlen, häufig folgen Traurigkeit oder Wut. Möglich ist natürlich auch, dass es dem anderen schlechter geht: Die hat ja schon wieder zugenommen, der ist inzwischen schon seit zwei Jahren arbeitslos, die können sich wohl kein Handy der

Marke XY mehr leisten. Die logische Folge wäre Hochmut in uns, schon der wäre ein Problem. Viel öfter aber weckt ein solcher Vergleich unbewusst Ängste, da es uns ja demnächst genauso ergehen könnte, oder Schuldgefühle, weil man dem anderen nichts abgibt. Deshalb gilt: Jeder Vergleich mit anderen führt zu einem Problem für dich selbst, egal, wie der Vergleich ausfällt. Trotzdem können wir uns nicht so abschotten, dass wir nicht mitbekämen, wie es dem Freund oder Nachbarn geht. Funktionierende Beziehungen kommen jedoch ohne Vergleiche aus. Wichtig ist, sich so weit wie möglich zurückzunehmen und folgende Grundhaltung einzunehmen:

Freue dich über die Erfolge von anderen. Fühle bei deren Misserfolgen mit. Lasse dich nie von Erfolgen anderer entmutigen. Freue dich nie über deren Misserfolge.

Was in den Büchern bleiben darf

Als ich ein Kind war, habe ich ab und zu davon geträumt, wie eine Prinzessin vom Prinzen wachgeküsst zu werden. Oder ich habe davon geträumt, wie ein Ritter in bester Absicht nur Gutes zu tun.
Ich habe mir gewünscht, berühmt und reich zu werden.
Irgendwann habe ich gelernt: Die Zeit der Prinzessinnen und Ritter ist vorbei.
Vielleicht war es schwer für mich, das zu erkennen.
Es ist sinnvoll, wenn es keine Prinzen, Prinzessinnen und auch keine Ritter mehr gibt.
Wie sonst sollte meine eigene Zeit anbrechen?
Es ist eine Zeit, in der ich selbstbestimmt leben kann.
Eine Zeit, die ich für mich und meine Ziele nutzen kann.
Weil ich dabei die Belange der anderen beachte, kann ich mich von den Märchenfiguren lösen.

Eifersucht & Co. sind zähe Klebstoffe

Nun ist es Zeit, sich die Auswirkungen des Materialismus, wie den Neid und dessen Verwandte, die Eifersucht, einmal näher anzuschauen: Alles, was uns bindet und zugleich beschwert, belastet uns. Es gibt natürlich auch die tiefe Liebe, die uns überaus bindet, uns aber in keiner Weise die Leichtigkeit nimmt, im Gegenteil. Liebe beschwert nicht.

Gefühle und Verhaltensweisen, die dich wie Klebstoff an etwas oder jemanden binden und zugleich ungewollte Empfindungen verursachen, sind wesentliche Hindernisse für dein leichtes Leben.

Solche Klebstoffe mit Superbindekraft, die uns daran hindern, von einer Sache loszukommen, gibt es in Vielzahl: lästern, meckern, sich sorgen, katastrophisieren, sich ärgern. Denn solange wir uns in welcher Weise auch immer mit etwas beschäftigen, sind wir daran gebunden. Auch Hass bindet sehr viel mehr als Gleichgültigkeit. Interesse – in welcher Form auch immer – ist der Klebstoff für Beziehungen. Erst wenn wir aus vollem Herzen sagen können, dass uns ein Ding oder eine Person egal ist, sind wir frei. Und wie erkennen wir, was uns nicht egal sein darf? Dazu nutzen uns die Fähigkeiten der Empathie (siehe Kapitel „Herzensgüte") und der Intuition (siehe Kapitel „Die Stimme des Herzens").

In unserer Gefühlswelt gibt es eine wichtige Gruppe von ähnlichen Empfindungen, die immer dafür sorgen, dass wir mit dem Geschehen in einer Form von zäher Verbindung zusammenbleiben. Dies sind die Eifersucht aus der Gefühlsgruppe „Wut" und der Neid und die Missgunst aus der Gefühlsgruppe „Verachtung".[16] Neid belässt das Beneidete dem anderen, will es aber auch haben. Missgunst ist dagegen eine Grenzüberschreitung, weil man dem anderen das, was er hat, nicht gönnt. Weil die Eifersucht dem Neid und der Missgunst so nahe ist, möchte ich auch ein paar Sätze zu ihr schreiben. Eifersucht kann im Gegensatz zu Neid und Missgunst bereits entstehen, wenn wir etwas nur vermuten. Das ist die misstrauische Form der Eifersucht. Sie steht im Gegensatz zur reaktiven Eifersucht. Bereits sechs Monate junge Babys zeigen eindeutig eifersüchtige Reaktionen, wenn sich der Betreuer mehr mit einer Puppe als mit ihnen befasst. Sie ist somit eine angeborene Strategie, auf ungewollte Handlungen anderer zu reagieren.[17] Eifersucht bezieht sich immer auf etwas, das jemand tut – Neid und Missgunst beziehen sich auf etwas, das ein anderer besitzt. Das bedeutet, Neid und Missgunst werden weniger, wenn ich selbst das Gleiche oder etwas Besseres bekomme. Eifersucht verschwindet erst, wenn der andere sich so verhält, dass es mir wieder gefällt. Im Fall einer partnerschaftlichen Eifersucht bedeutet dies beispielsweise, dass der Partner sich wieder mir zuwendet. Solange die Eifersucht wirkt, gibt es drei typische Reaktionen, an denen wir erkennen können, wie sehr uns Eifersucht bindet und damit unser Leben schwer macht: Entweder versuchen wir, den anderen zu kontrollieren, oder wir sprechen ein Kontaktverbot aus („Ab sofort triffst du dich nicht mehr mit ..."), oder wir werten den anderen stetig ab („Der ist es nicht wert, dass ..."). Ganz schön anstrengend, die Eifersucht.

Dahinter steckt letztlich der kindliche Wunsch, allmächtig zu sein, die Menschen um uns herum kontrollieren zu können. Leichter würde sich die Erkenntnis anfühlen: Ich bin ein Mensch. Nicht mehr und nicht weniger. Eifersucht kommt nur auf, wenn wir uns selbst nicht genug wert sind.

Je weniger sicher das Selbstwertgefühl, umso stärker die Eifersucht.

Das gilt ähnlich für Neid und Missgunst. Ein niedriges Selbstwertgefühl bindet uns über Neid, Missgunst und Eifersucht an andere. Wenn wir uns selbstsicher, stark, bewundernswert fühlen, wenn wir glücklich sind, so zu sein, wie wir sind, dann interessiert uns erheblich weniger, was andere tun oder haben. Deswegen muss man einem Partner nicht jedes Verhalten durchgehen lassen. Aber es bedeutet im Einzelfall, dass wir uns an den Satz erinnern, dass man Reisende nicht aufhalten soll: „Wenn du gehen willst, dann geh. Und lass mir die guten Erinnerungen an dich, aber geh." Neid oder Missgunst verschwinden angesichts eines guten Selbstwertgefühls, denn dann weiß ich: Ich definiere mich nicht über meinen Besitz, sondern ausschließlich über mich selbst.

Meine Gedanken fokussieren

Kinder sammeln ganz merkwürdige Dinge, alte Kartons, gebrauchte Lutscher, nicht mehr funktionierende Spielzeuge. Das alles ist ihnen wichtig. Das ist in Ordnung so, denn es sind Kinder.
Aber was sammle ich in meinem Leben?
Was alles beziehe ich auf mich, obwohl ich meine Gedanken lieber bei mir ließe?
Wo bleibe ich bei mir, wo nicht?
Erkenne ich wirklich alles, was banal ist, und lasse es für sich?
Mein Leben ist zu wertvoll, um mich mit Banalitäten zu quälen.
Das bedeutet auch, nichts mehr zu tun, was mich selbst schädigt.
Nichts mehr tun, was ich nicht wirklich tun will.
Das bedeutet, anderen keine Macht mehr über mich zu geben, weil ich mich in Gefühlen bade, die mich selbst angreifen.
Ich beachte mich ab jetzt liebevoll.

Die Schwere der Schuld

Viel öfter, als man glauben mag, gibt es Kinder (und Erwachsene), die eine Form von Schwur ablegen, der sie für viele Jahre an bestimmte Verhaltensweisen bindet. Ein Beispiel: Elli ist ein junges Mädchen und ihr Vater ist seit Langem schwer krank. Er liegt im Bett und wird immer schwächer, das Feuer seiner Augen ist längst erloschen. Elli ist traurig und hält sich gewissenhaft daran, was ihre Mutter ihr vor Monaten auftrug: „Du musst immer Rücksicht nehmen, immer leise sein, damit es deinem Papa gut geht." Die Mutter schaute damals Elli tief in die Augen und fragte sie: „Wirst du dich daran halten, Elli?" Das Kind flüsterte traurig und ergriffen: „Natürlich, Mama. Ich werde immer leise sein."
Kurze Zeit später starb ihr Papa.
Heute ist Elli eine erwachsene Frau. Aber sie hält sich immer noch zurück, ist immer leise – in der Erziehung der eigenen Kinder genauso wie im Beruf und in der Partnerschaft. Weil stetig über sie hinweg entschieden wird, bekommt sie immer mehr Probleme. Doch Elli würde sich sofort schuldig fühlen, wenn sie anders handeln würde. Sie ist nach wie vor ihrer Mutter und dem uralten Schwur gegenüber loyal, obwohl ihr Vater schon lange tot ist. Warum hält sie weiter am Schwur fest? Vielleicht ist ihr die Situation nicht klar. Vielleicht verschafft ihr der Schwur unbewusst die Illusion, ihr Vater würde noch leben. Sie tut es für ihn, so traurig das ist. Sich an den Schwur zu halten bedeutet für sie, sich mit dem vor langer Zeit stattgefundenen Tod des Vaters nicht auseinandersetzen zu müssen. Hier sehen wir wieder einmal die Bestätigung der Regel: Wir streben nach einem Gewinn für uns selbst. Nur dass uns der Gewinn meistens nicht bewusst ist und wir ihn, ohne es zu merken, mit hohen Verlusten erkaufen.
Die Festlegung auf einen Schwur führt uns zur Schuld. Sie zu vermeiden ist für viele Menschen ein Thema, das sie bereits als Kinder entwickeln. Wenn ein Kind irgendetwas anstellt, bei-

spielsweise etwas kaputt macht wie einen Teller, versucht es zunächst, die Spuren des Unglücks zu beseitigen, was ihm meist nicht gelingt. Wenn dann doch jemand die Scherben entdeckt, kommt als Erstes: „Ich war es nicht" oder „Ich bin nicht schuld". Ein Satz, den ganz viele Erwachsene wortwörtlich gleich gebrauchen. Er weist darauf hin, in gewisser Weise in der Kindheit stecken geblieben zu sein. Immer dann, wenn die Angst vor dem Versagen wächst, entwickeln wir ein unangenehmes Schuldgefühl – ein Hinweis für eine notwendige Korrektur unseres Handelns. Wir müssen also etwas anders machen (wie den Teller nicht fallen lassen), um nicht schuldig zu werden. Schuld hat eine Art von Leistungsbezug: Wenn ich schuldig bin, dann habe ich (mir) etwas Falsches geleistet und bewerte dieses Geschehen zugleich als negativ:

Schuld ist die negativ bewertete Verantwortlichkeit.

Schuld führt dazu, am Geschehen kleben zu bleiben. Eine Schuld verjährt innerlich nie. Sie ist damit ein häufiges Hindernis auf dem Weg zur inneren Freiheit und Leichtigkeit. Ich habe einmal eine Frau kennengelernt, die sich verliebt hatte, sowohl in einen netten Mann als auch in dessen Wohnort, fernab auf einer Insel in der Karibik. Mit Mitte 30 entschied sie sich für den Mann, mit dem sie später drei Kinder bekam, und für die Insel. Das fiel ihr sehr schwer, weil sie ihre pflegebedürftige Mutter zu Hause lassen musste, die sie trotz ihres absehbaren baldigen Todes jedoch darin bestärkte, unbedingt der Liebe ihres Lebens zu folgen. Kurze Zeit nach der Auswanderung der Tochter starb sie dann. Dennoch nagten in der Tochter täglich die Gewissensbisse, die Mutter allein gelassen und „egoistisch" gehandelt zu haben. Sicher war die Tochter verantwortlich dafür, gegangen zu sein. Aber war das negativ? Das Problem ist das verschrobene Wertebild der Tochter, die letztlich wohl dachte, ihre Mutter würde ewig leben, wenn die Tochter in ihrer Nähe bliebe. Wir erkennen

erneut den Allmachtsanspruch: Wir halten verzweifelt an der Hoffnung fest, wir könnten den Todeszeitpunkt eines anderen Menschen beeinflussen. Doch das ist eine Illusion.
Sobald du eine erwachsene Position einnimmst, kannst du sagen: „Meine Eltern haben auf mich Rücksicht genommen. Aber sie haben ihr eigenes Leben gelebt und ihre Entscheidungen getroffen, wenn es nötig war. Und nicht jede Entscheidung davon hat mir gepasst, aber sie hat mich und mein Leben sehr wohl beeinflusst. Ich habe das gleiche Recht wie meine Eltern damals – ich muss für mich und mein Leben sorgen. Und wenn ich es genau betrachte, war das vielleicht sogar ein wichtiges Erziehungsziel meiner Eltern." Die Lösung lautet:

Ich bin für mich und für meine Entscheidungen verantwortlich. Ich treffe sie mit hoher Bewusstheit und Klarheit. Ich betrachte dabei, soweit möglich, die berechtigten Anliegen der mir nahen Menschen. Wenn ich mich entschieden habe, verzichte ich auf jede negative Bewertung dessen, was ich entschieden habe. Besser sage ich mir: Ich bin für mein Leben verantwortlich und lasse den anderen deren Verantwortung.

Wenn wir die negative Bewertung verlassen und uns der erwachsenen Sicht einer Zuständigkeit oder Verantwortlichkeit nähern, spüren wir die Kraft, die durch Entscheidungen (gleich, ob sie sich im Laufe der Zeit als richtig oder „falsch" herausstellen) kommt. Nun sind wir nicht mehr Opfer, sondern Menschen, die zupacken. Alle menschliche Erfahrung zeigt:

Kein Mensch kann leben, ohne schuldig zu werden.

Warum ist uns dann die Fähigkeit zu dem Gefühl geschenkt worden, an etwas schuld zu sein? Ganz einfach: damit wir Fehler nicht ein zweites Mal machen. Darüber hinaus wirkt unser Schuldgefühl in sozialer Weise, weil wir dem, dem wir Leid angetan haben, helfen wollen. Er bekommt sozusagen als „Nebenprodukt" unseres Strebens danach, eine Schuld nicht mehr spüren zu müssen, unsere Geste der Wiedergutmachung.

Ein wahrscheinlich größeres Problem als die Schuld ist die gängige Erziehungsmethode der Schuldzuweisung. Das kann furchtbare Ausmaße annehmen, wenn beispielsweise die Mutter der Überzeugung ist, ihr eigenes Leben sei durch die Geburt ihres Kindes ein für alle Mal „vorbei". „Weil es dich gibt, gibt es mich nicht mehr, zumindest nicht mehr so, wie ich gern leben würde." Diese maßlose Unverschämtheit ist in verschiedenen Stärkeabstufungen gang und gäbe. Sie führt dazu, dass Eltern Kindern ein schlechtes Gewissen einreden, allein aufgrund der Tatsache, dass es sie gibt. Falls du selbst von solch einer Erziehung betroffen warst, hilft nur eins: Lehne dich auf! In milder Form wäre der Lösungssatz für diese Erfahrung, der dir mehr Leichtigkeit bringt: Ich lasse die Schuld bei dir, ohne Urteil.

Der Satz ist allerdings bereits eine sehr abgeklärte Form der Auflehnung, denn er zeigt das Element der Vergebung. Vielen ist es nicht möglich zu vergeben, wenn ihnen klar wird, mit welchen Schuldgefühlen ihre Kindheit beladen wurde. Das liegt an der perfiden Konstruktion eines Schuldvorwurfs, der die eigene Existenz zum Inhalt hat. Dieser wörtliche oder sinnbildliche Vorwurf führt neben dem (vollkommen unberechtigten) Schuldgefühl zu immer stärkeren Selbstwertproblemen, weil sich das Kind sagt: „Ich hätte nicht leben sollen, sogar meine Mutter (oder mein Vater) finden das – ich bin offenbar nichts wert." Diese Form der „Erziehung" ist ein fortlaufender Missbrauch und führt zu angepassten, traurigen Menschen. Deshalb kann es überaus sinnvoll sein, zunächst die berechtigten Aggressionen auch zu formulieren, und sei es mittels eines professionellen Helfers.

Wirkliche Heilung finden wir jedoch nur in der Vergebung (siehe Kapitel „Vergebung"), wenn wir unseren Selbstwert stärken und uns an unserer Einmaligkeit erfreuen. Solange wir in Wut und Schuldvorwürfen gefangen sind, kleben wir am eigenen Leid. Das macht uns ein leichtes Leben unmöglich. Es ist also überaus klug, sich dem Satz, der die Schuld zurückweist und zugleich vergibt, Schritt für Schritt zu eigen zu machen. Hab Geduld mit dir und befreie dich dennoch beharrlich von dieser Last.

Mein Weg zur inneren Freiheit

Als ich ein kleines Kind war, wusste ich vieles nicht.
Auch konnte ich vieles nicht.
Und ich war neugierig, ich wollte wissen, wie weit ich gehen kann.
Deshalb mussten mir meine Grenzen gezeigt werden.
Meistens war ich so schlau, das selbst zu tun. Kaputte Vasen, zerpflückte Blumen, weinende Kinder, eingerissene Kleidung – es gab so manches, an dem ich lernen konnte.
Wahrscheinlich gab es mehr, als ich heute weiß.
Meiner Neugier, meinem Bewegungsdrang, meinem Interesse wurden rasch immer mehr Schläge verpasst.
Diese Schläge nannten die Erwachsenen „Schuld", und sie machten mir ein schlechtes Gewissen.
Sie arbeiteten geradezu damit.
Das tat mir weh.
Vielleicht fällt es mir heute schwer, selbst Verantwortung zu tragen.
Dabei kann ich das längst.
Ich übernehme ab jetzt die Verantwortung dafür, wie neugierig, beweglich und interessiert ich bin.
Das bereichert mein Leben.

Scham-haft

Jeder von uns hat eine Scham – so nennen wir die Region im Genitalbereich –, und dies weist uns darauf hin, worum es dabei geht: um den Körper. Ganz kleine Kinder kennen keine Scham. Sie entwickelt sich erst, wenn wir „Ich" sagen und fühlen. Sie ist deshalb eines der spätesten Gefühle, das wir bekommen können. Wir müssen uns unserer selbst bewusst sein, einen Unterschied zwischen unserer Vorstellung von uns selbst und den Erwartungen von außen an uns spüren, um uns schämen zu können. Damit reguliert Scham einen Teil des sozialen Miteinanders. An sich ist sie also nichts Schlimmes, denn sie sorgt auch für den Schutz des Intimen. Doch das Maß bestimmt über die Bedeutung. Wer sich sozusagen nur noch schämt, wird verklemmt, und damit folgt sein Leben seiner Scham und nicht seiner Lust. Dieses Leben ist beschwerlich, denn es führt zu unserem Rückzug und mindert unser Interesse, auch am Leben selbst. Wie entsteht Scham nun im konkreten Fall? Vieles ist anerzogen worden. Der eine schämt sich, wenn man ihn in der Unterhose sieht. Der andere läuft ganz selbstverständlich nackt durch seine Wohnung. Wessen Eltern damit frei umgegangen sind, schämt sich seiner eigenen Nacktheit meistens weniger.

Auch das Gefühl der Scham wird (ähnlich wie das Gefühl der Schuld) schamlos im Rahmen von „Erziehung" ausgenutzt. „Schäm dich was!" – wer hat diese Aufforderung als Kind nicht gehört? Meistens wurden wir dazu aufgefordert, wenn wir etwas Falsches getan hatten. Schon fing das innerliche Problem an: Warum soll ich mich schämen, weil ich etwas falsch gemacht habe? Die Aufforderung, sich was zu schämen, ist in sich nicht stimmig, auch deshalb, weil jedes Kind überaus sensibel ist und sich schämt, ohne dazu aufgefordert werden zu müssen. Ein Problem wird es, wenn die Erziehung sich wiederkehrend oder vorrangig auf Scham bezieht. Dann soll sich das Kind für sein

Interesse am eigenen Genital schämen, am Interesse für das andere oder das gleiche Geschlecht, für die schlechten Schulnoten, dafür, etwas vergessen zu haben. Die Liste der Schamauslöser ist unendlich. Welch ein Missbrauch des eigentlich sinnvollen Schamgefühls!

Wenn wir uns schämen, dann vergleichen wir das, was wir zu bieten haben, mit dem, was unserem Ideal entspricht – und müssen oft feststellen, dass wir eben nicht ideal sind. Insofern zeigt Scham, wenn sie uns häufig in unserem Leben begegnet, dass unser Anspruch an uns selbst völlig überzogen ist. Wer sich selbst gegenüber gnädig ist und sich nicht am Ideal, sondern am Menschlichen orientiert, schämt sich selten. Scham ist also ein Gegenspieler der Selbstakzeptanz und der Selbstliebe. Allerdings kann fehlende Scham auch auf fehlende Feinfühligkeit hinweisen, eben dann, wenn sie nötig wäre.

Scham tritt auch dann auf, wenn wir uns nicht sicher sind, ob andere uns mitmenschlich behandeln werden. Wer anderen gegenüber einfühlsam auftritt, wird immer zu vermeiden versuchen, den anderen zu beschämen. Wenn wir Scham im anderen auslösen, mindern wir seinen Selbstwert damit, und das ist „unver-schämt". Beschämung ist eine der schlimmsten Grenzüberschreitungen. Wer solche kennt, von seinen Eltern oder Lehrern beispielsweise, kann sich heute sagen:

Ihr alle solltet euch was schämen, ich habe es nicht mehr nötig.

Wenn du dich sogar für dein Aussehen, dein Geschlecht, deine Herkunft, deinen Geschmack schämst – kannst du die Scham mit folgenden Worten aus deinem Leben schicken:

Wer bin ich, wenn ich mich selbst nicht achte? Ich bin gut, so wie ich bin. Ich bin wundervoll, eine einmalige Ausgabe der Menschheit. Nichts an mir kann Scham auslösen, wenn ich es nicht zulasse.

Und wenn das auch nicht hilft, dann sage dir: „In 100 Jahren lebt kein Mensch mehr, vor dem ich mich gerade schäme – und selbst ich nicht. Was soll's also?"

Und tschüss!

Ich darf mich nicht zeigen.
Ich will mich nicht festlegen.
Ich will nicht erkannt werden.
Stimmen diese Sätze überhaupt noch?
Wozu tue ich mir das an?
Wofür die Scham?
Sicher, ich muss mich schützen und meine Scham hilft mir dabei.
Aber sie hat kein Recht, mich an meinem Leben zu hindern.
Danke, Scham. Aber nun ist genug. Bitte melde dich nur noch bei mir, wenn ich das wirklich nötig habe. Einmal im Jahrzehnt, vielleicht.
Denn ich nehme mich an, so wie ich bin.

Der Zinseszins des Glücks

Geld ist eine große Verlockung. Viele meinen, je mehr sie hätten, umso glücklicher müssten sie auch sein. Das ist aber nicht der Fall, wie Studien zeigen: Sobald ein Haushalt (also das gemeinsame Einkommen von allen, die zu einem Haushalt gehören) vor Steuern 50 000 Euro im Jahr zur Verfügung hat, steigt das allgemeine Glücksgefühl mit höheren Einnahmen kaum mehr an, ab 85 000 Euro Haushaltseinkommen stagniert es. Mehr Geld macht also nicht mehr Glück. Aber es schenkt ein Gefühl der Sicherheit – zumindest auf den ersten Blick. Denn meist haben die Menschen mit viel Geld auch viel Angst, dieses zu verlieren. Es ist also eine Krux mit dem Zaster. Dabei gibt es viele Dinge, die gar nichts oder nicht viel kosten, aber glücklich machen: Essen mit Freunden, kreativ sein, sich am Leben freuen ... Doch das ist den meisten nicht genug. Sie leben nach dem Motto: Immer mehr, immer mehr, immer mehr.

Du kannst für dich selbst entscheiden, ob du deine Besitztümer ständig mehren möchtest. Unter dem Gesichtspunkt des Glücks ist dies jedoch nutzlos. Das hängt an unserer Fähigkeit, uns an nahezu jedes bestehende Niveau anzupassen. Wenn wir wenig haben, ist dies normal für uns, und wenn wir viel haben, ist eben dies das Normale. Wenn wir weniger haben, empfinden wir vielleicht kurz Trauer oder Wut. Haben wir plötzlich mehr, sind wir kurze Zeit erfreut oder sogar glücklich. Aber das gibt sich relativ rasch wieder. Dieses Phänomen nennt man „hedonistische Anpassung".

Ein Gedankenspiel zeigt, wohin das führen kann: Damit wir immer froh und glücklich sein können, müssten wir nur 10 Prozent pro Jahr mehr haben als ein Jahr zuvor. Das bedeutet, wenn wir mit 100 Euro Vermögen heute anfangen, dann brauchen wir nächstes Jahr 110 Euro, ein Jahr später 110 + 10 Prozent = 11 Euro, also 121 Euro, dann brauchen wir schon 12,10 Euro mehr und so fort. Der Effekt des Zinseszinses trifft eben auch unser Glücksempfinden. Von 100 Euro ausgehend, müssen es nach 10 Jahren schon 259,37 Euro sein. Das ist noch vorstellbar. Doch wer mit einer Million Euro beginnt, braucht nach 10 Jahren schon 2,5937 Millionen Euro. Der beste Umgang mit der hedonistischen Anpassung ist, sich immer wieder klarzumachen, wohin es führt, wenn wir unser Glück darauf aufbauen, dass wir immer mehr haben müssen.

Je mehr du versuchst, über materielle Dinge glücklich zu werden, desto unglücklicher kannst du werden.

Die Jagd nach mehr führt geradewegs in die Unzufriedenheit. Das liegt nicht nur an der hedonistischen Anpassung, sondern auch daran, dass hinter dem Wunsch nach Reichtum auch der Wunsch steckt, sich vom Tod freikaufen zu können. Das gehortete Geld gaukelt uns ganz allgemein Macht vor und damit auch Macht gegenüber der Kraft des Todes. Deshalb gilt:

Die Stärke der Raffgier demonstriert das Ausmaß der Angst vor dem eigenen Tod.

Dabei bricht dieses System zwangsläufig irgendwann in sich zusammen. Denn je länger wir mit dem Horten von Reichtümern verbracht haben, umso kürzer wird die Zeit zum Leben. Und damit rückt die Angst vor dem Tod, die wir mit unserem Reichtum in Schach halten wollen, immer näher. Dann müssen wir uns selbst eingestehen, dass die Grenzen des Raffens und Hortens erreicht sind. Der Zusammenbruch folgt, weil wir uns gewahr werden, dass wir nicht mehr ausreichend Zeit für erfüllende(re) Inhalte haben, wenn wir alle Zeit zum Gelderwerb verbrauchen.

Und häufig hat das Streben nach Materiellem auch die Zeit für wahrhaftige Beziehungen mit anderen Menschen verkürzt – und damit für wahre Quellen der Freude und Zufriedenheit.

Unersättlichkeit im Erleben
Auch das Streben nach ständiger Abwechslung ist eine Form der Gier und damit eine Abwehr von Ängsten. Doch je schneller wir unterwegs sind, umso weniger werden wir wahrnehmen, was ist. Die Menge an sich kann die Intensität der Eindrücke nicht kompensieren. Könnte sie dies, würde die Gier ja irgendwann befriedigt sein, ist sie aber nicht. Der übliche Verlauf der Unersättlichkeit beweist die Wahrhaftigkeit der These:

Wenn du relativ wenig Abwechslung zulässt und dein Leben eher langsamer gestaltest, wirst du Tiefe empfinden. Deiner Seele geht es um Tiefe, nicht um „Action".

Unersättlichkeit im Außen: der Schein
Es gibt sehr viele Gefühle, die wir als positiv empfinden, die aber dennoch nichts mit Glück zu tun haben. Genauso gibt es Gefühle, die wir ablehnen, die uns aber nicht unglücklich machen. Wer beispielsweise mit seinem Aussehen zufrieden ist, weil er sich als attraktiv oder schön empfindet, ist nicht unbedingt glücklich. Wenn wir im Winter eine Autopanne haben und in der Kälte auf den Abschleppdienst warten, sind wir wütend oder genervt, aber wir sind nicht unbedingt unglücklich. Das bedeutet: Wir sollten immer genau schauen, was uns versprochen wird, wenn wir Werbebotschaften wahrnehmen. Wenn uns in der Werbung glückliche Menschen begegnen, deren Seligkeit daher rührt, dass sie gerade das tolle, neue Waschmittel verwendet haben, sollten wir sofort aufhorchen und wissen: Das ist Beschiss! Niemand wird glücklich, weil er sein Waschmittel wechselt. Auch

Menschen, die nie Autopannen haben, sind nicht glücklicher. Man kann diese Tatsachen auch verallgemeinern und sagen:

Du wirst kaum glücklicher, wenn du deine äußeren Umstände änderst.

Letztlich ist dies eine tolle Botschaft, denn unser Glücksempfinden ist relativ unabhängig von äußeren Umständen. Das bedeutet auch: Wir können unser Lebensgefühl verbessern, ohne dass wir uns intensiv um Äußerlichkeiten kümmern müssen. Wir brauchen keine Angst mehr zu haben, bei der Verteilung von Gütern zu kurz zu kommen. Denn letztlich ist ein anderer Satz wahr:

Es ist genug für alle da.

Damit wären wahrscheinlich die meisten Probleme der Menschheit gelöst. Gewiss, es gibt Regionen auf der Erde, in denen Mangel herrscht. Aber für unsere Lebenswelten trifft das nicht zu. Wenn uns die Werbung weismachen möchte, dass wir schnell zugreifen müssen, weil sonst das Sonderangebot aus sei, können wir uns jetzt locker zurücklehnen. Wir wissen, dass unser Glück nicht davon abhängt, ob wir dieses Ding nun haben oder nicht. Die Werbung spielt einfach mit unseren Impulsen. Denn offenbar ist in uns die Sorge angelegt, nicht genug zu bekommen. Das stresst jedoch und nimmt dem Leben Leichtigkeit.

Wie gehen wir am besten mit diesem Hindernis um? Zunächst sollten wir uns klarmachen, dass wir weder verhungern noch erfrieren. Dann sollten wir uns nicht länger von der Werbung beeinflussen lassen. Wir entscheiden aktiv, was wir anschauen und was nicht (Werbungen, Werbe-E-Mails, Werbesendungen). Wenn du Gefahr läufst, alkoholabhängig zu werden, verbannst du am besten sämtlichen Alkohol aus dem Haus und kaufst keinen neuen (bei bereits Abhängigen genügt der Trick nicht mehr). Wenn du Probleme mit dem Horten hast, lösche Verkaufssender aus der Liste deiner Programme. Schalte die Werbeblocks im Fernsehen aus. Argumentiere nicht mehr, dich würde Werbung kalt lassen. Das sagt jeder, und dennoch beweist jede Untersuchung, dass es anders ist.

Die Um-Gewöhnung

Es gibt so vieles, was mir einmal viel wert war. Was ich unbedingt besitzen oder erleben wollte.
So manches besitze ich inzwischen.
Kaum hatte ich es, verlor es an Bedeutung.
Nun verstehe ich die wahre Bedeutung des Satzes:
Was ich begreife, kann ich loslassen.
Dabei geht es mir nicht um den Besitz, ich will gar nicht raffen.
Trotzdem schlug auch bei mir die Gewöhnung zu. Leider.
Inzwischen ist mir das klar.
Seitdem mache ich etwas anders in meinem Leben. Ich genieße bewusst, was ich kann, was ich habe, was ich erlebe und mit wem ich mich verbunden fühle.
Ich stehe da, bewundere die Schönheit der Erde, hole bewusst tief Luft und fühle mich wohl.
Dankbar, hier sein zu dürfen.
Ich erinnere mich an das Schöne, was mir so nahe ist, und nehme es ab jetzt bewusst wahr.
Ich habe mich inzwischen auch bei den vielen schönen Dingen, die ich habe, entschuldigt.
Ich habe sie viel zu lange nicht gewürdigt.
Das gilt noch viel mehr für die Menschen, die ich liebe:
Danke, dass es euch gibt!
Ich werde keine Gewöhnung mehr zulassen.

Bis hierher und nicht weiter: Grenzen, Hilfsbereitschaft und unsere Freiheit

Hilfe in Wertschätzung wandeln

Manche Menschen ziehen große Befriedigung daraus, anderen zu helfen. Doch: Wer hilft, stellt sich über den anderen. Die Augenhöhe geht verloren. Hilfe bedeutet, dass ich sage: Du bist schwach oder schwächer als ich und ich gebe dir einen Teil meiner Stärke ab. Genau von diesem Problem berichten viele Menschen, die beruflich stetig helfen „müssen" wie Pfleger, Krankenschwestern und auch Ärzte. Viele von ihnen merken im Laufe ihrer Berufstätigkeit, wie sehr sie sich vom Mitmenschlichen entfernen. Entweder weil sie sich selbst auf eine Art Sockel stellen oder vom anderen auf den Sockel gehoben werden („Ach, Frau Doktor, Sie sind meine letzte Hoffnung!"). Die Ärztin bekommt die Rolle als schicksalsweisende „Göttin" zugewiesen. Doch da sie ein ganz normaler Mensch ist, schmeichelt ihr dieses übergroße Vertrauen für den Moment, aber letztlich entzieht es ihr Energie. Der Mensch, der die Ärztin zur Göttin stilisiert, gibt dagegen schlicht Verantwortung ab. Nun ist ja sie zuständig und das entlastet ihn. Hilfe ist also oftmals ein perfides Spiel, bei dem beide scheinbar gewinnen, doch eigentlich verlieren beide. Sollten wir deshalb auf Hilfe verzichten? Gewiss nicht, wir sollten uns aber verdeutlichen: Hilfe kostet immer einen Preis, sowohl wenn man sie braucht als auch wenn man sie gibt. Das bedeutet:

Hilfe zu geben und zu empfangen nimmt einem grundsätzlich Leichtigkeit.

Oft ist es doch so: Wir fühlen uns gestärkt, wenn wir helfen. Nicht nur, weil wir etwas Gutes getan haben, sondern auch, weil das

Leid (die Hilfsbedürftigkeit) des anderen mittelbar dafür sorgt, dass wir uns stärker fühlen.
Wie sollten wir helfen? Grundsätzlich nur dann, wenn Hilfe angefordert wird. Ausnahme: Es handelt sich um jemanden, der nicht direkt Hilfe nachfragen kann wie Kinder, Schwerkranke oder Tiere. Aber vom Erwachsenen für Erwachsene sollte niemals ungefragt Hilfe gegeben werden. Dann sollten wir uns darüber im Klaren sein, dass unsere Hilfe immer eine Form von Machtausübung ist. Diese halten wir so gering wie möglich, indem wir nur das geben, was wirklich nötig ist, und dabei die Grenzen des anderen voll und ganz wahren. Das ist leichter geschrieben als getan, denn wenn „der nette, alte Opa" im Pflegeheim so freundlich schaut, kann es schwerfallen, dessen Grenze zu wahren. Sie wird allein schon durch den Ausdruck „Opa" verletzt. Auch der Opa hat einen Nachnamen.
Warum helfen manche so gern? Weil sie damit ihre früher (oder auch heute) empfundene Ohnmacht ausgleichen oder vergessen machen wollen. Wer heute mehr hilft, als nachgefragt wird, hat in aller Regel als Kind viele Situationen der eigenen Ohnmacht erleben müssen. Wer sich als Kind hilflos fühlte, hat sich vermutlich vorgenommen, so eine Angst auslösende und demütigende Situation nie mehr zuzulassen. Als Erwachsener wird er die eigene Verletzbarkeit nicht mehr in sich, sondern im anderen wahrnehmen. Und dafür kann fast jeder ausgenutzt werden: Schüler, Kranke, Pflegebedürftige, Suchtkranke, Missbrauchte, Geschiedene, Alleinerziehende, die eigenen Kinder. Das scheinbar Schöne ist: Nun sind die anderen verletzlich und ich bin ja so groß und stark, ihnen helfen zu können. In der Tat will ich der anderen Person aber nur helfen, um meine eigene Schwäche aus der Kindheit nicht wahrnehmen zu müssen. In der Hilfe missbrauche ich den, dem ich zu helfen vorgebe. Der Hilfesuchende ist in gewisser Weise eine Stellvertreterfigur, die nun fühlt, wie ich mich als Kind fühlte, und ich selbst bin nun so groß, wie ich meine Eltern empfunden habe. Nach der Hilfeaktion erwarte ich in der Regel Dankbarkeit. Auch das passt in mein kindliches

System. Denn ich liebte meine Eltern auch, obwohl sie meine eigene Hilflosigkeit ausnutzten. In Kurzform:

Oftmals wird Hilfe nur gegeben, um so etwas wie Liebe zu erzwingen.

Das funktioniert natürlich nicht. Nie! Allenfalls Dankbarkeit wäre als wahrhaftige Antwort möglich. Wie die Lebenserfahrung aber zeigt, fühlen sich viele, denen besonders geholfen wurde, in einer Art Not und Druck und versuchen, sich durch möglichst wenig Dankbarkeit davon zu lösen.

Die Verzweiflung als Kind, die Ohnmacht und Wunden der damaligen Zeit kannst du nicht heilen, indem du heute vermehrt anderen hilfst. Deine Aufgabe ist, dir selbst zu helfen und andere in diesem Prozess außen vor zu lassen. Wenn du dich nach Liebe sehnst, solltest du sie zuallererst dir selbst schenken – dann kannst du Liebe anderen geben.

Zweifelsfrei gibt es Momente, in denen wir alle auf Hilfe angewiesen sind. Völlig zu Recht sind wir soziale Wesen, denen es wichtig ist, zu helfen und auch Hilfe zu bekommen. Aber wie läuft es eigentlich ab im Leben? Schauen wir uns dazu ein Roggenkorn an. Das fällt auf den Boden, wartet auf Regen oder Feuchtigkeit, und wenn die Bedingungen stimmen, bildet es eine ganz kleine Wurzel aus, mit der es sich im Boden verankert. Damit hat es sein Leben selbst in der Hand, die Pflanze wird in Richtung des Lichts wachsen und schließlich neue Roggenkörner bilden. Was braucht es zum Leben, Wachsen und Gedeihen? Die richtigen Lebensbedingungen, also die passende Umgebung, Licht, Wärme und Wasser. Den Rest macht es allein.

Nehmen wir dieses Bild symbolisch für unser gesamtes Leben: Das Licht steht für die Sonne und zugleich für unser Ich und die Anbindung an den Geist. Wärme steht für Wärme an sich und für Mitmenschlichkeit und Geborgenheit. Wasser steht für das Gefühl. Wir sind der Pflanze also sehr ähnlich:

Menschen brauchen die richtige Umgebung, Mitmenschlichkeit von anderen, ein reiches Gefühlsleben und mittels ihres Ich die Anbindung an geistige Welten. Den Rest schaffen sie allein.

Und schon wächst der Mensch, weitgehend ohne Hilfe. An dieser Stelle auch noch ein paar Worte zum Wechselspiel von Hilfe und Dank. Wer hilft, darf durchaus Dankbarkeit erwarten. Doch häufig tun wir uns schwer damit.
Zwei Hindernisse können uns im Wege stehen und verhindern, dass wir uns angemessen bedanken können. Zuerst der Hochmut, der auf der falschen Vorstellung beruht, wer dankt, mache sich selbst damit klein. Das ist grundsätzlich falsch. Dankbarkeit unter Erwachsenen kann auf Augenhöhe geschehen. Auch der zweite Grund liegt in einer Selbstwertproblematik: Wer sich selbst nicht als wertvoll empfindet, kann nicht glauben, für einen anderen so viel Bedeutung zu besitzen, dass ihm deshalb geholfen wird. Er denkt stattdessen: „Das kann nicht sein, ich kann nicht gemeint worden sein." Die Hilfe trifft ihn also eher zufällig – und ein Dank scheint nicht nötig. Was löst das Problem?

Wer dir hilft, zeigt dir, dass du es wert bist, Hilfe zu bekommen. Hilfe in ihrer feinen Form ist ein Signal für Wertschätzung.

Falls jemand jetzt etwas zweifelnd fragt: Gibt es denn überhaupt eine Hilfe, die aus ganz freiem Herzen kommt und kein Machtspiel ist? Die Antwort ist: Nein, zumindest nicht zu 100 Prozent. Eine Ausnahme mag Hilfe für die eigenen Kinder sein. Im Erwachsenenbereich gilt jedoch: Jeder, der sich helfen lassen muss, ist dadurch in einer schwächeren Position. Jeder, der hilft, ist in der Tat in diesem Moment der Stärkere. Hilfe ganz vom Machtthema loszulösen ist kaum möglich. Übrigens auch nicht und erst recht nicht für viele professionelle Helfer, gleich, in welcher Form – von leichtem Selbstbetrug bis hin zur Schein-Heiligkeit – sie sich beim Helfen wohlfühlen mögen. Sollten wir deshalb niemandem mehr helfen? Auf keinen Fall! Unser Leben funktioniert zu einem wesentlichen Teil, indem wir uns untereinander beistehen. Wenn wir helfen, dann fühlen wir uns einer Gruppe zugehörig, das ist einer der Gewinne für uns. Genauso geht es anderen, die vielleicht einmal uns helfen wollen oder müssen. Hilfe verbindet Menschen miteinander. Lächeln, Danke sagen, Verbundenheit sind drei schöne Elemente dabei. Beachte einfach einige Regeln:

1. Wenn ich helfe, kann ich dafür bezahlt werden. Die Macht dessen, der mich bezahlt, mindert meine eigene Macht der Hilfe, und so kann ein Ausgleich erreicht werden.
2. Wenn ich helfe, dann möglichst dahingehend, dass sich der andere wieder selbst helfen kann.
3. Hilfe sollte ich nur geben, wenn der andere dies von mir wünscht.
4. Hilfe hat so kurz und in dem Umfang stattzufinden, wie notwendig. Mehr nicht.

Außerdem ist es wichtig, die Hilfe nicht zur Routine zu degradieren, damit es dem Helfenden gut damit geht. Das heißt: Wir müssen also für Abwechslung sorgen. Das gilt auch für Spenden – wer immer der gleichen Organisation etwas zukommen lässt, degradiert seine Hilfe zur Routine und dann fühlt sie sich nicht mehr aufbauend an. Die Abwechslung schützt vor dem Pflichtgefühl. Was tun, wenn unsere Hilfe uns selbst belastet, also an unserem Wohlbefinden kratzt? Wenn wir die Situation so einschätzen, dass erstens die Hilfe wirklich gebraucht wird und zweitens sie vorübergehend gegeben werden muss, sollten wir dies tun.

Statt Lohn und Lob

Ich entscheide mich, meine Tätigkeiten nicht mehr an der Anerkennung auszurichten, die ich dafür wahrscheinlich erhalte.
Ich tue das, was ich selbst tun möchte, was mich selbst unabhängig vom Lob oder Lohn der anderen zufriedenstellt.
Ich tue das, wofür ich auf der Erde bin.
Ich tue dies jetzt, ich entscheide mich und verzichte auf irgendwelche Ausflüchte. Die schieben etwas auf die lange Bank, was nicht mehr geschoben werden darf.
Ich bin überzeugt, exzellent zu werden, wenn ich tue, was ich will.
Dazu gehört, mir selbst Anerkennung zu schenken, statt auf diese zu hoffen und zu warten.
Sie wird kommen, dessen bin ich sicher, genau dann, wenn ich meine hier definierten Regeln beachte.
Ich habe es mir verdient.

Echte Grenzfragen

Es ist unmöglich, einen anderen Menschen würdevoll zu behandeln, wenn man dessen Grenzen überschreitet oder dessen Grenzen sehr nahe kommt. Würde verlangt nach Abstand. Wie schwer es ist, dauerhaft die Würde eines Menschen zu bewahren, der beispielsweise als Pflegebedürftiger in einem Heim liegt, wissen die dort Tätigen. Zu schnell schleifen sich grenzverletzende Handlungen ein. Hilfsbedürftigkeit des anderen stellt die höchsten Anforderungen an die Achtung von menschlichen Grenzen.

Wir können es im Leben mit einer Vielzahl von Grenzüberschreitungen zu tun bekommen. Auch wenn den meisten unerwünschte körperliche Annäherungen einfallen mögen oder Strafen wie Schlagen oder Anschreien, es gibt sehr subtile Methoden, Grenzen zu verletzen. Viele davon sind uns aus unserer Kindheit (siehe die Kapitel über Beschuldigung und Beschämung) bekannt.

Ständige versteckte Vorwürfe können wie der berühmte stete Tropfen sein, der den Stein aushöhlt und eine Partnerschaft bis zur Trennung bringen kann. Wie funktioniert dieser unauffällige Vorwurf? Drei Beispiele:

Die Mutter fragt das Kind, das gerade mit der Note „gut" in Englisch aus der Schule kommt und eigentlich darauf stolz sein könnte: „Aha. Und wie viele hatten die Note ‚sehr gut'?"

Vater und Sohn schauen ein Fußballspiel an. Der Vater liebt den Sport, der Sohn mag überhaupt keinen. Da kommentiert der Vater scheinbar das Spiel mit: „Tja, das sind richtige Männer. Die wissen, wie man auf dem Platz für sich und seine Mannschaft kämpft."

Frau und Mann unterhalten sich. Sie sagt: „Der Mülleimer ist schon wieder nicht geleert." Er schaut sie nur an, sagt nichts. Nach einer halben Stunde, er hatte inzwischen den Hund Gassi

geführt, meint er: „Unsere Nachbarin, die Irene, hat toll abgenommen. Ist 'ne richtig attraktive Frau geworden."
Das alles sind Grenzüberschreitungen. Arrangiere dich nicht mehr damit, gehe dagegen vor, sobald du selbst eine solche vorhast, und genauso, wenn dir eine entgegenkommt, denn:

Je subtiler die Grenzüberschreitung, umso unfreier bist du.

Je klarer, ehrlicher und direkter eine Aussage ist, umso klarer, ehrlicher und direkter können wir darauf antworten. Nehmen wir die drei Beispiele von eben und formulieren sie um:
Die Mutter sagt zu dem Kind: „Es freut mich, dass du auf deine gute Note in Englisch stolz bist. Was meinst du, kannst du noch besser werden – ich denke, das Potenzial hättest du? Kann ich dich dabei unterstützen, oder ist so alles in Ordnung für dich?"
Das ist immer noch heftig genug, aber endlich wird klar, worum es der Erziehungsberechtigten geht!
Der Vater sollte dem Sohn sagen: „Ich war nie in einer Fußballmannschaft und habe immer meine Kumpel beneidet, die ein so schönes Mannschaftsgefühl hatten. Wie geht es dir damit?"
Die Frau könnte zum Mann sagen: „Wir haben verabredet, dass du den Müll raus bringst. Kannst du es bitte tun?" Und er: „Wir haben einmal vereinbart, dass wir immer ehrlich zueinander sind. Ich finde dich ein wenig moppelig. Ich denke, vielleicht solltest du wieder Sport machen wie früher?"
Grenzen zu überschreiten kostet immer Energie – sowohl auf der Seite des Grenzverletzers wie auf der Seite des Geschädigten. Diese Energie fehlt einem im restlichen Leben und macht es unnötig schwer. Grenzwahrung bedeutet, im richtigen Moment „Ja" und „Nein" zu sagen.
Oft ist es nicht einmal nötig, dass andere uns verletzen. Wir erledigen dies selbst. Das Prinzipielle solcher „Eigenverwundungen" liegt darin, dass sie immer von mangelnder Wertschätzung für uns

selbst geprägt sind. Die Erscheinungsformen sind vielfältig: Wir tun etwas, das wir nicht wollen, wir schädigen unseren Körper mit Suchtmitteln oder Schlafentzug, wir fahren risikoreich Auto oder machen einen „halsbrecherischen" Sport. All dies sind Verletzungen der eigenen Grenzen. Die stetig ansteigende Zahl von seelischen Erkrankungen in unserer Gesellschaft gibt ebenfalls ein beredtes Beispiel dafür, wie wir uns selbst nicht genügend achten. Warum gehen wir jedoch so oft über Grenzen – bei anderen und bei uns selbst? Meistens, weil wir Angst haben, auf andere Weise nicht genügend beachtet zu werden oder ein klares „Nein" mitgeteilt zu bekommen. Häufig – vielleicht sogar noch öfter – gehen wir über unsere eigenen Grenzen, weil wir unbewusst dem Tod ein Schnippchen schlagen möchten. Manche Menschen richten ihr ganzes Leben unbewusst danach aus, ständig den Tod herauszufordern. Nach dem Motto: „Schau her, Schöpfer! Ich kann mir mehr leisten, als du mir vorschreiben magst."

Meine Grenzen sind heilig

Heute heißt es immer, Grenzen gehören eingerissen.
Das wurde mir so lange erzählt, bis ich es geglaubt habe.
Aber es gibt Grenzen, die bestehen, auch wenn wir sie nicht sehen. Diese unsichtbaren Grenzen sind viel bedeutsamer als jede Mauer und jeder Stacheldraht.
Sie dienen dem Schutz.
Sie sollten sichere Bestandsgarantie erhalten.
Ich habe ein Recht auf meine Grenzen und darauf, dass sie beachtet werden.
Das ist mein Recht mir selbst gegenüber.
Ich habe ebenso die Pflicht, die Grenzen der anderen zu würdigen.
Wenn dies gegenseitig geschieht, kann Vertrauen wachsen.

Leichtigkeit führt
zum Glück:
Im Guten wirkende
Grundsätze

Herzensgüte

Wahrscheinlich hast du schon einmal in einer Gruppe eine Feier besucht, alle haben sich amüsiert und nur du wusstest nicht, was du da sollst. Du hast einfach keine Verbindung zu der Partystimmung und den Menschen um dich herum gefunden. Später sprachen alle von dem tollen Fest. Oder du warst auf einem Konzert und hast in der Pause den Saal verlassen, weil du es furchtbar fandest. Zwei Tage später liest du eine überaus positive Kritik. Es kann aber auch genau umgekehrt sein, dass du beschwingt aus einem Film kommst, dich köstlich amüsiert hast und später einen Verriss zum Film liest. So unterschiedlich erleben wir Situationen. Unsere Seelen sind sehr individuell. Das bedeutet allerdings auch:

Was du erlebst, erlebst ausschließlich du.

Oft fragen wir uns, warum unser bester Freund oder unsere beste Freundin auf so einen Typ reinfallen konnte. Wir erleben jeden Menschen anders als alle anderen. Was in uns stattfindet, findet in genau gleicher Weise in keinem anderen Menschen statt.

Dein Empfindungsreichtum ist einer deiner wichtigsten Schätze und zudem vollkommen einmalig.

Das ändert nichts daran, in etwa ahnen zu können, was in anderen Menschen vor sich geht. Deshalb gilt ein merkwürdiges Phänomen: Alles, was wir erleben, hat mit uns selbst zu tun und zugleich hat nichts mit uns selbst zu tun – solange wir selbst keine Beziehung herstellen. Die eigene Sichtweise ist die einzige, die wir für uns einnehmen können. Aber sie ist dann schon eine heftige Einschränkung der möglichen Sichtweisen. Bei sieben Milliarden Menschen auf der Erde gibt es entsprechend ebenso viele mögliche und vorhandene Perspektiven. Damit wir trotz dieser Tatsache einigermaßen zurechtkommen, wurde uns die wunderbare Fähigkeit geschenkt, uns in andere hineinversetzen zu können. Unser Einfühlungsvermögen (= Empathie) ist eine wundervolle, weil allen nutzende Fähigkeit des Menschen und sollte die Basis für gute Beziehungen sein. Wir sollten uns freudig stimmende Beziehungen suchen und uns bemühen, sie zu halten. Gerade weil klar ist, dass jede Beziehung irgendwann endet. Diese Erfahrung machen wir alle, jeder Schulwechsel, jeder Umzug, jeder Tod von Verwandten zeigt uns: Eine Beziehung ist nicht ewig. Die erwachsene Schlussfolgerung:

Genieße jede Beziehung und schöpfe aus ihr genau in diesem Moment. Keiner kann wissen, wie lange sie möglich ist.

Wenn wir von Geburt an von vielen Kindern und Erwachsenen umgeben sind, haben wir beste Chancen, Einfühlungsvermögen zu lernen. Unser Mitgefühl ist die Basis für unser erwachsenes Einfühlungsvermögen; das ist etwas, was Kinder noch nicht können. Denn wer sich wirklich einfühlt und nicht im Gefühl stecken bleiben will, muss das, was er fühlt, in Bezug setzen zu sich selbst.[18] Erst die erwachsene Verarbeitung des eigenen Mitgefühls kann zu einem stimmigen Einfühlen führen.

Wenn wir uns in dieser Weise einfühlen, dann spüren wir praktisch zeitgleich mit dem anderen, was er fühlt. Da wir aber nicht in seine Welt und seine Vorgeschichte verstrickt sind, so wie er das ist, können wir eine Form von liebevoller Führung übernehmen. Wir fühlen und zeitgleich führen wir also ein bisschen. Wer sein Einfühlungsvermögen trainiert, erreicht immer bessere Kenntnis über andere Menschen. Das hilft einem selbst, weil wir zu weniger Fehleinschätzungen und zu weniger Fehlentscheidungen kommen. Das hilft dem anderen, weil er richtig verstanden und angenommen wird.

Einfühlungsvermögen lässt sich trainieren. Dafür hilft die Übung des Perspektivenwechsels, die du für dich machen kannst. Nimm irgendwo Platz und beobachte jemanden. Überlege dir dabei, wie der oder die andere sich im Moment fühlen mag. Zuerst solltest du nur beobachten und dir deine Gedanken machen. Aus dem Verhalten, der Mimik und Gestik, dem Tonfall und dem, was du vielleicht an Worten hörst, kannst du merken, wie es der Person geht, was sie beschäftigt. Du kannst diese Übung optimieren, indem du vertraute Menschen einbeziehst und ihnen sagst, was du wahrgenommen hast, als du deine empathischen Fähigkeiten trainiert hast. Wenn sie ehrliche Rückmeldung geben, kannst du deine Empathiefähigkeit verfeinern.

Eine echte Win-win-Situation

Früher meinte ich, alles mit meinem Kopf entscheiden zu können.
Mir war es peinlich, eigene Gefühle als Argument zu bringen – manchmal war es mir sogar peinlich, selbst wenn davon niemand etwas mitbekam.
Dabei gab es bereits damals viele Situationen, in denen mir meine Fähigkeit, mich einzufühlen, geholfen hat.
Vielleicht gab es sogar Situationen, die entscheidend waren oder die mein Leben in guter Weise gelenkt haben.
Heute stehe ich zu mir.
Ich kann nicht anders als mit meinem Gefühl entscheiden.
Ich freue mich, wenn ich es wahrnehme.
Ich freue mich, wenn andere es merken.
Deshalb sei dies eine Einladung an mein Gefühl, sich immer zu zeigen, wenn es mag.
Ich mag ihm jetzt sagen, wie sehr ich es wertschätze.

Eine Chance zur Heilung

Wenn wir uns einfühlsam verhalten, sollten wir zuerst an uns selbst denken. Denn daraus resultiert Dankbarkeit, und diese ist ein besonders wirksamer Weg zur inneren Ausgeglichenheit. Was bedeutet Dankbarkeit? Wohl am ehesten, dass wir etwas, das uns zuteil wird, nicht als selbstverständlich abtun. Das kann eine spirituelle Erfahrung sein, die Großzügigkeit eines anderen erlebt zu haben, etwas selbst überwunden zu haben. Dankbarkeit wirkt wie ein heilender Balsam auf unsere Seele.[19] Für Dankbarkeit gilt:

Wenn du Dankbarkeit spürst und sie zeigst, heilt dich dies von deinen negativen Gefühlen.

Dankbarkeit wirkt gegen Neid, gegen Ärger, gegen Sorgen, gegen Feindseligkeit und Geiz. Allerdings meint Dankbarkeit etwas Umfassenderes, als einfach „Danke" zu sagen, wenn man zum Geburtstag die nächste Krawatte oder das nächste Paar Schuhe bekommt. Weil sie so wichtig ist, empfehle ich dir, dir wieder Zeit für dich selbst zu nehmen. Schreibe sieben Dinge auf, für die du dankbar sein kannst.[20] Bedenke beim ersten Mal grundsätzlichere Dinge wie Erziehung, Bildung, Vorgeschichte, Status, Hilfe, Beziehungen und so fort. Meistens ist man für etwas dankbar und zugleich jemandem, der einem geholfen hat, und dafür, wie es sich im eigenen Leben ausgewirkt hat.

Dann mache eine Woche Pause und schreibe danach wieder sieben Gründe für Dankbarkeit auf, diesmal jedoch für die gerade vergangene Woche. Dabei musst du nicht für jeden Tag etwas finden, es können auch Tage ohne Grund für Dankbarkeit von solchen mit mehreren Gründen abgelöst werden.

Mache diese Übung vier- bis sechsmal, also gut einen Monat lang. Überlege dir beim letzten Mal, wen du vielleicht vergessen hast, vielleicht weil sie oder er dir so nahe ist, dass du sie oder ihn als selbstverständlich ansiehst.

Wenn du jemandem dankbar bist, dann drücke dies ihr oder ihm gegenüber bitte schriftlich aus. Es befreit dich selbst und schenkt dem anderen etwas, dessen Ausmaß weit über die Mühe des Briefes an ihn hinausgeht. Ich habe einmal einen Mann kennengelernt, der mir im Laufe eines Gesprächs sagte, wie dankbar er seinem Geschichtslehrer sei. Dabei sei es gar nicht um Geschichte als Fach gegangen, jedoch habe ihm dieser Lehrer beigebracht, hinter die Kulissen zu schauen. Er habe durch ihn verstanden, wie alles zusammenhängt und welche Konsequenzen aus welchem Verhalten zu erwarten sind. Eigentlich sei der Geschichtsunterricht ein Unterricht in erwachsenem Denken und Verstehen gewesen. Ich fragte den Mann, ob er seinen Dank dem Lehrer ausgedrückt habe, was er verneinte. Einige Monate später traf ich ihn erneut. Er strahlte und schilderte mir, dass meine Frage in ihm Schuldgefühle ausgelöst habe. Denn er habe niemals daran gedacht, dass er seinem Lehrer real danken könne. Er habe dessen Adresse ausfindig gemacht und ihm tatsächlich geschrieben, 30 Jahre nach dem Abitur. Nach wenigen Tagen sei die Antwort gekommen, in der der Lehrer schrieb, er habe ihn nie vergessen und freue sich zutiefst über seinen Brief. Er habe ihn in einem sehr schweren Moment seines Lebens erreicht und ihm tiefe Ruhe geschenkt, doch nicht alles im Leben falsch gemacht zu haben. Der Brief sei wie eine Erlösung gewesen.

Gibt es ein größeres Geschenk, als dankbar zu sein? Wenn du jemanden einfühlsam behandelst oder etwas tust, was beim anderen Dankbarkeit auslöst, führt dies in dir selbst zu Freude und zu einer Form von innerer Ruhe. Denke dabei auch an den einen Menschen, welcher der wichtigste in deinem Leben ist: Schenke dir selbst Dankbarkeit.

Das Recht auf Liebe

Es ist das Recht eines jeden Menschen, geliebt zu werden.
Es ist auch mein Recht.
Es ist aber meine Pflicht, was mich selbst angeht: Ich habe die Pflicht, mich ohne Wenn und Aber zu lieben.
Die Menschen sind wundervolle, einmalige Wesen und die Erde hat auf jeden einzelnen gewartet.
Ich gehöre zu ihnen. Deshalb bin ich ebenso ein wundervolles, einmaliges Wesen.
Ja, die Erde hat auf mich gewartet.
Ich kann stolz darauf sein, dass es mich gibt.
Auch wenn es mir noch etwas schwerfallen sollte, mich allein deshalb zu lieben.
Doch ich strebe es an und ich schaffe es:
Ich bin so wertvoll, dass ich mich uneingeschränkt liebe.
Liebe Erde: Danke!

Lieber offen als ganz dicht

Wir sind der Meinung, dass wir alles mitbekommen, was sich um uns herum abspielt. Fachleute nennen das Aufmerksamkeitsillusion.[21] Doch wir sehen immer nur das, worauf wir unsere Aufmerksamkeit konzentrieren. Und das ist von Anbeginn so. Wir gehen durch unser Leben und fixieren in uns das, was wir (aus welchem Grund auch immer) bemerken. Da fällt mir meine Tochter ein und deren Schwierigkeit, sich mathematische Formeln einzuprägen. Sie kann mir aber auch nach Jahren noch genau sagen, wo wir welche Kleidung oder Schuhe gekauft haben oder von wem sie etwas geschenkt bekam. Die Aufmerksamkeitsillusion ist also im Positiven eine Aufmerksamkeitskonzentration – nur dass uns oftmals nicht bewusst ist, worauf diese gerichtet ist. Denn wir nehmen nun einmal nicht wahr, was wir nicht wahrnehmen. Wer in diesem Wissen durch sein Leben geht, hat viel gewonnen. Gefährlich, zumindest bedenklich wird es, wenn wir uns der Idee hingeben, wir würden alles Wichtige auch bemerken. Tun wir nicht. Wer das verstanden hat, kommt zu einer neuen Weltsicht. Ein Freund von mir formulierte es einmal so: „Wenn etwas Besonderes in der Welt geschieht und alle Welt darauf starrt, schaue, auf was in diesen Momenten nicht gestarrt wird." Was also geschieht in wichtigen Schaltzentralen der Macht, wenn wir durch etwas anderes in den Bann gezogen werden? Wovon also wird abgelenkt? Das könnte es sein, was unser Leben viel nachhaltiger beeinflussen wird.

Wer offen ist, wird Schritt für Schritt so manches wahrnehmen, was er konsequent – auch über lange Zeit – nicht sehen konnte. Schlichte Beispiele sind der alte Brunnen oder die verwitterte Sitzbank, die du im Heimatort entdeckst, obwohl du seit Jahrzehnten dort wohnst. Oder die zweite Ebene im Baumarkt, dessen Erdgeschoss seit Jahren dein einziger Bewegungsraum war.

Zur Offenheit gehören:

- *Zeit, die dir ermöglicht, herumzuschauen, statt zu fokussieren.*
- *Annäherung, indem du hingehst, statt zu fliehen.*
- *Zurücknahme, indem du wahrnimmst statt bewertest.*

Offenheit hat ihre Grenzen, zumindest im mitmenschlichen Bereich. Wissenschaftler, die sich mit unserem Gehirn und sozialen Gegebenheiten befassen, gehen davon aus, dass wir auf Gruppengrößen von maximal 150 Menschen eingestellt sind. Wir leben schon lange in Gruppen. Aber bereits die üblichen Schulgrößen mit mehreren Hundert bis Tausenden von Schülern überfordern uns stetig. Von sozialen Netzwerken und dem Sammeln von Freunden darin ganz zu schweigen. Aber das hat mit Sozialkontakten eben nichts mehr zu tun. Das ist Materialismus, der sich über das Zählen von Klicks und die Sammlung von Namen definiert.

Offenheit hat verschiedene Facetten:

- *Offenheit für Inhalte, sie vermindert vorgefasste und unumstößliche Meinungen.*
- *Offenheit für Menschen, sie verursacht eine grundsätzlich freundliche und mitmenschliche Haltung.*
- *Offenheit für Situationen und Abläufe, sie ermöglicht, sich flexibel, aber sich selbst bewahrend auf Prozesse einzulassen.*

Offenheit kann Angst machen, weil sie uns scheinbar den sicheren Boden unter den Füßen wegziehen kann. Wir wissen dann nicht mehr, worauf wir uns einlassen. Aber das ist nur eine Einbildung, denn es ist keine Schwäche, sich andere Inhalte anzueignen, sondern es ist ein Lernprozess. Ohnehin kann uns keiner zwingen, etwas für uns anzunehmen, was wir nicht zulassen. Eine grundsätzlich offene und freundliche Einstellung zu anderen Menschen ist ohne Risiko, denn sie bedeutet keine Naivität, sondern Erwachsensein. Und Flexibilität führt nicht zur Überrumpelung, sondern dazu, seine eigenen Inhalte besser anbringen zu können. Kaum etwas führt bei Dritten zu solch starken Widerständen wie scheinbar unverrückbare Einstellungen anderer.

Mal so, mal so

Manchmal bin ich müde.
Zu müde, um mich zu öffnen.
Dann mag ich nur noch für mich sein.
Wenn ich dann nicht bei mir bleibe, besteht die Gefahr, mich für den Moment oder länger zu verlieren.
Das ist nicht gut.
Deshalb schenke ich mir einen Rückzug, wenn ich ihn brauche.
Meiner Offenheit schadet das nicht, im Gegenteil.
Ich öffne mich, soweit ich das kann.
Keinen Schritt mehr, aber jeden Schritt, der möglich ist.
Ansonsten bleibe ich in meiner eigenen Welt.
Offenheit schenkt mir die herrlichen Facetten der Welt.

Vergebung

Wichtig auf dem Weg zu einem leichten Leben ist auch, wie wir mit starken Verletzungen umgehen. Damit meine ich zum Beispiel, vom Partner betrogen worden zu sein, einen Missbrauch erlebt zu haben oder finanziell hintergangen worden zu sein. Für viele ist Rache das naheliegende Gefühl. Das Problem dabei ist allerdings: Sie bindet an den Verursacher der Verletzung, denn unmittelbare Rache können wir nur am Verachteten ausüben und dafür müssen wir uns ihm zuwenden. Davon abgesehen macht Rache unglücklich oder unzufrieden, das vielleicht kurz auftretende Gefühl der Genugtuung ist vorübergehend. Rache erzeugt immer noch mehr Leid, sie ist vollkommen sinnfrei. Aber was bleibt uns sonst? Schauen wir uns die sechs Möglichkeiten an, mit einer Verletzung umzugehen[22]:

- *Versöhnung: die Wiederherstellung der Beziehung zu dem, der uns geschadet hat.*
- *Begnadigung: ein juristischer Begriff, der Straffreiheit bedeutet.*
- *Billigung: eine rückwirkende Zustimmung zu dem, was geschehen ist, wodurch eine Versöhnung oder Vergebung unnötig ist, da es ja im Nachhinein in Ordnung ist.*
- *Entschuldigung: etwas Besonderes, sie bedeutet nämlich, mildernde Umstände wie die gute Absicht hinter der schlimmen Tat oder die schlimme Kindheit früher anzuerkennen.*
- *Vergessen: Verlust der Erinnerung an das Geschehene (Verdrängung nach Freud).*
- *Vergebung: man setzt sich mit der Verletzung auseinander mit dem Ziel, etwas für sich selbst zu tun (!), also sich von all dem Geschehenen zu befreien, ohne es zu verdrängen.*

Vergebung ist für die Verletzung, was die Trauer für die Traurigkeit ist: eine Arbeit, die nötig ist, um die Zukunft wieder frei erleben zu können.

Dafür müssen wir die Tat weder billigen noch entschuldigen und uns erst recht nicht mit dem Täter versöhnen. Es gibt mehr als genug, was nicht zu entschuldigen ist. Und es gibt ebenso viel, das zu einer dauerhaften Trennung führen sollte: Vergebung bedeutet, dich selbst vom unguten Geschehenen zu befreien. Vergebung kann ganz schön schwerfallen. Den meisten hilft dann am ehesten, sich an eine andere Situation zu erinnern, in der einem selbst vergeben wurde. Wir alle kommen nicht als Engel auf die Welt und deshalb ist es praktisch unmöglich, nicht schuldig zu werden. Und sei es, die Tischdecke mit den teuren Gläsern runtergezogen und damit einen Schaden verursacht zu haben. Wie gut geht es uns, wenn wir spüren können, uns wurde wirklich vergeben, selbst wenn bei jedem Geburtstag an diese Geschichte, dann mit einer Portion Humor, erinnert wird. Und wir erinnern uns: Wenn wir anderen ein gutes Gefühl ermöglichen, dann geht es uns selbst auch gut. Davon abgesehen hat Vergebung viel mit dem Umgang mit Unveränderlichem zu tun. Nicht zu vergeben bedeutet, daran kleben zu bleiben:

Wenn du vergibst, hast du begriffen und kannst loslassen. Ohne Vergebung wirst du mit dem Schlechten und Verletzenden weiter in Verbindung bleiben. Vergebung schützt dich selbst.

Wem ich wirklich vergeben werde

Bisher dachte ich, vergeben könne ich nur anderen.
Bei mir wäre das nicht nötig.
Bei mir gäbe es da nichts zu tun.
Vielleicht habe ich mich getäuscht.
Nein, sicher habe ich mich getäuscht.
Ich will nicht länger die Augen davor verschließen, was ich mir selbst nicht vergeben habe. Da gibt es wohl eine ganze Menge.
Fehler, an die ich nach Jahren und Jahrzehnten noch denke, im Groll, im Unverständnis.
Versäumnisse, die ich mir vorwerfe.
Selbst Ungutes, das dann gut ausging.
Das Spektrum ist groß.
Ich will ins Reine kommen mit mir selbst.
Der Mensch, der wirklich Vergebung von mir braucht, bin ich selbst.
Ich bin nun stark genug, das anzugehen.
Ich freue mich auf das Ergebnis.
Es wird mir leicht.
Es ist Zeit, mich auch mit mir und meiner Vorgeschichte zu versöhnen.

Wahrhaftigkeit

Kein Mensch kann sich tatsächlich und auf Dauer im Raum der Wahrheit aufhalten. Denn wir sind höchst individuelle Wesen mit vollkommen eigener Vorgeschichte und Persönlichkeit. Diese zwei Grundfesten werden ergänzt durch unsere überaus selektive Wahrnehmung, ansonsten wären wir komplett überfordert. In der Summe existiert in uns unsere eigene Wirklichkeit, die wir auch als Realität bezeichnen. Nur außerhalb von uns existiert etwas Unveränderbares, die Wahrheit eben. Von der Wahrheit zur Wahrhaftigkeit ist es ein weiter Weg. Wahrhaftigkeit meint, das, was in uns ist und in uns wirkt, wahrheitsgemäß nach außen zu bringen, den anderen Menschen zu zeigen. Es geht also darum, die innere Wirklichkeit ehrlich nach außen zu tragen. Wenn wir traurig sind, dies auch zuzugeben und zu zeigen. Wenn wir wütend sind, die Wut nicht in uns hineinzufressen, sondern auch zu zeigen: bis hierhin und nicht weiter! Es gibt einen Königsweg zur Wahrhaftigkeit: Er führt über unsere eigenen Gefühle. Was in uns wirkt, sind eben diese Gefühle, die uns zu Gedanken, Vorstellungen, Meinungen und schließlich auch zum Handeln bringen.

Wahrhaftigkeit bedeutet, die eigene Sicht eindeutig nach außen zu vermitteln.

Wahrhaftigkeit ist eine wichtige Voraussetzung für Glaubwürdigkeit.

Glaubwürdigkeit bedeutet zu sagen, was du tust und zu tun, was du sagst.

Wer ein solches Gleichmaß zwischen seinen Botschaften und der daraus folgenden, konsequenten Handlung zeigt, wirkt extrem anziehend. Wahrhaftiges und glaubwürdiges Verhalten wird von anderen Menschen überaus geschätzt und gewürdigt. Es bedeutet nicht, als Rammbock verletzend durch die Gegend zu donnern, sondern in erwachsener Weise seine eigene Meinung ehrlich zu äußern und für sie einzutreten. Die Wahrhaftigkeit bildet also unsere eigene Wahrheit, eben unsere Wirklichkeit, ab. Und sie macht unser Leben leicht. Damit verhindern wir Missverständnisse und überaus mühsame, manchmal auch gar nicht mehr mögliche Korrekturen, wenn etwas aufgrund fehlender Wahrhaftigkeit anders lief, als es uns recht ist. Wie schaffen wir es, möglichst nah an der Wahrheit zu bleiben? Als Erstes sollten wir uns auf den Weg zu uns selbst machen und hören, was uns aus unserem Inneren entgegenschallt. Dann gibt es einige sprachliche Tricks, sich selbst nah zu bleiben[23]:

- *Verzichte auf das „man", nutze besser Ich-Sätze.*
- *Schildere Ereignisse detailreich.*
- *Mache dir Interaktionen (was zwischen dir und anderen geschieht) klar und äußere deine Sicht.*
- *Wenn du dich wiederholst, nutze nicht exakt die gleichen Wörter, sondern formuliere um.*
- *Nutze Sinneseindrücke in deiner Sprache (wie fühlte es sich an, was habe ich gehört, was genau habe ich gesehen oder auch gerochen).*
- *Gehe kritisch, aber nicht überkritisch mit dir selbst um.*
- *Hinterfrage dein eigenes Verhalten, ohne dich zu verurteilen.*
- *Stehe dazu, wenn du Probleme mit etwas hast oder etwas nicht lösen kannst.*
- *Lüge nicht.*
- *Sprich alle Themen an, wenn sie dir wichtig erscheinen.*
- *Bleibe menschlich, beispielsweise, indem du aufhörst, Verbindungen zu knüpfen, wo keine sind („Weil ich im Supermarkt war, ist die Waschmaschine übergelaufen").*

Und wie steht's mit dir selbst?

Wahrhaftigkeit beginnt bei mir selbst.
Welche Wünsche habe ich, zu denen ich nicht stehe?
Welche Sehnsüchte kenne ich, die ich für mich nicht erfülle?
Welche Aufgaben sehe ich, denen ich mich nicht stelle?
Welche Freuden verbiete ich mir selbst?
Bei welchen Menschen bin ich freundlich, obwohl ich sie nicht mag?
Bei welchen Menschen wäre ich gern viel offener und freundlicher, habe aber Angst davor?
Habe ich Angst, meine Wahrhaftigkeit könne ein falsches Bild auf mich werfen?
Oder sogar Angst, dass dann auf mich gezeigt wird: Schau dir die da an oder den da, wie kommt die/der nur dazu, hier einfach und ehrlich durch die Welt zu gehen?
Ich brauche Mut, wahrhaftig für mich selbst zu sein.
Den Mut nehme ich mir.
Jetzt!

Unser Leben verlangt nach Originalen

Was zählt für die meisten denn wirklich im Leben? Gesundheit? Sicherheit? Zwischenmenschliche Beziehungen? Beruf? Erfolg? Aufstieg? Mit hoher Wahrscheinlichkeit sind alle Bereiche wichtig für dich, denn das sind die Spitzenreiter bei Umfragen. Was Gesundheit ist, können wir noch einigermaßen nachvollziehen. Hierbei stellt sich wohl vorrangig die Frage, wie wir es schaffen, so zu leben, dass wir uns unsere eigene Gesundheit erhalten. Bei Sicherheit wird es schon schwieriger: Ist hier das einbruchssichere Haus gemeint? Der sichere Arbeitsplatz? Sicherheit im Straßenverkehr? Sicherheit in der Partnerschaft? Auch bei zwischenmenschlichen Beziehungen ist es überaus nützlich, sich in Ruhe zu überlegen, welche Beziehungen einem wirklich wichtig sind, ohne welche es kaum geht, welche sich überholt haben. Sind deine Kinder Beziehungen für dich oder doch etwas ganz anderes? Und was ist mit dem Beruf: Soll er Erfüllung bringen, Karriere, oder einfach nur Geld? Und was ist Erfolg für dich? Erfolg beim anderen (oder gleichen) Geschlecht oder im Beruf? Und wie misst du ihn? Erfolg bei einem Ziel, das in dir schon lange schlummert? Gehört zu deinem individuellen Erfolgskonzept auch ein sozialer oder gesellschaftlicher Aufstieg? Oder hast du damit schon längst abgeschlossen? Aber letztlich ist etwas ganz anderes viel entscheidender:

Wie geht es dir, wenn du
· weder gesund bleibst,
· noch dich sicher fühlen kannst,
· wenn du Probleme in Beziehungen hast,
· der Beruf nicht das bringt, was du gerne hättest,

· und vielleicht auch der Erfolg auf sich warten lässt, vom Aufstieg ganz zu schweigen?

Was ist dann? Dann hast du „nur noch" dich. Und das ist viel mehr als all das eben Benannte zusammen!

Du bist für dich das Bedeutungsvollste in deinem Leben.

Sofern du das nicht auslebst, werden vermutlich Probleme an deine eigene Haustüre klopfen.

Ein leichtes Leben wird dann erheblich wahrscheinlicher, wenn du dich selbst ernst nimmst. Dahin kommst du, wenn du dich selbst und deine eigenen Bedürfnisse begreifst.

Glaubst du, die Welt will dich als anspruchslosen Menschen, der stetig seine eigenen Bedürfnisse überhört? Glaubst du, deine Aufgabe ist, stetig etwas zu geben, ohne etwas zu verlangen? Glaubst du wirklich, du hättest der Welt nichts zu geben? Wenn dies alles so wäre, solltest du dringend deinen Glauben überprüfen. In der Tat braucht die Welt dich, und zwar so, wie du bist, und nicht als ein Abziehbild eines vermeintlichen Idealtypus. Nur so, wie du wirklich bist, kannst du den Reichtum der Menschheit erweitern. Das ist das Gegenteil von Selbstsucht und Schamlosigkeit. Genau so, wie du tatsächlich bist, bist du richtig.

Für die nun folgende Übung[24] brauchst du etwas Zeit, beginne diese also erst, wenn du sicher bist, weder gestört zu werden, noch sie abbrechen zu müssen. Besorge dir bitte zehn oder mehr Bögen unbeschriebenes Papier und schreibe auf jedes folgende Frage: Was will ich wirklich?

Notiere dann auf jedem Blatt eine einzige Antwort. Nicht mehr, nicht weniger. Werte sie dabei auf keinen Fall und zögere nicht, auch unerwartete oder ungewöhnliche Antworten aufzuschreiben. Lasse dir Zeit, bis du zehn Antworten zusammen hast.

Dann schreibe mit einem kleinen Abstand von der ersten Antwort auf, warum du das willst und auch wozu. Notiere, was dich an diesem Wunsch besonders berührt. Gehe auf diese Weise alle zehn Bögen durch. Dann lasse auf dich wirken, was du aufgeschrieben hast.

Nun geht es ans Gewichten: Welcher Wunsch ist der wichtigste für dich? Diesen Bogen lege ganz nach oben, dann den nächstwichtigen Wunsch und so fort. An zehnter Stelle kommt die Seite mit dem Wunsch, den du am wenigsten erfüllt wissen willst.

Dann lies erneut alles durch, diesmal in der gewichteten Reihenfolge. Beachte dabei, ob sich Wünsche sehr ähnlich sind (beispielsweise reich zu sein und in einem schuldenfreien, großen Haus zu wohnen; beruflich erfolgreich beziehungsweise endlich anerkannt zu sein). Falls dir Gemeinsamkeiten auffallen, notiere diese auf einem neuen Blatt.

Mahatma Gandhi sagte einmal: „Die Welt hat genug für jedermanns Bedürfnisse, aber nicht für jedermanns Gier." Du kennst nun deine Bedürfnisse besser – kümmere dich vorrangig um diese. Oftmals taucht bei dieser Übung irgendwann eine Antwort auf, die in etwa lautet: „Ich will geliebt werden, so, wie ich bin." Vielleicht gehörst du zu den Menschen, die etwas Ähnliches aufgeschrieben haben. Der Wunsch, ohne „Korrekturen", eben so, wie man ist, geliebt zu werden, ist einer der wesentlichen fast jedes Menschen.

Du kannst einschätzen, ob die Übung dir eher leicht- oder schwergefallen ist. Je schwieriger es war, umso schwerer wirst du vermutlich dein Leben empfinden. Denn wenn du dir nicht bewusst darüber bist, was du wirklich brauchst, ist das Risiko groß, davon ein Stück weit entfernt zu sein. Aber das kann sich rasch ändern, sei zuversichtlich. Denn nun ist ja klar, was dir fehlt.

Wir alle haben Bedürfnisse, die wenig hilfreich sind. Geht es wirklich darum, diese immer auszuleben? Nein. Ich will dir das Beispiel eines Künstlers schildern, der mir einmal sagte: „Ich selbst bin faul, ach was, ich bin stinkfaul. Am liebsten würde ich tagsüber in einer Hängematte im Süden verbringen, mir feines Essen vorbeibringen lassen und Gott einen guten Mann sein lassen. Aber wie sieht mein Leben seit langen Jahren aus? Ziemlich anders, 80 bis 110 Arbeitsstunden in der Woche sind durchaus üblich. Natürlich soll die viele Arbeit auch von meiner tatsächlichen Faulheit ablenken, aber das ist es nicht allein. Das, was ich tue, macht mir richtig Spaß. Ich genieße es." Authentisch ist dann, im Urlaub tatsächlich in der Hängematte abzuhängen, in Zeiten zwischen zwei großen Projekten nichts zu tun und so fort. Erwachsen zu sein bedeutet eben auch, den scheinbar wenig hilfreichen Bedürfnissen dann Raum zu geben, wenn Zeit da ist.

Wer Kinder hat, kann ab einem bestimmten Alter erleben, dass sie sein wollen wie ein Popstar, ein Filmsternchen, eine Fantasy-Figur oder Ähnliches. Wir sollten uns hüten zu glauben, ein solches Verhalten träfe ausschließlich Kinder oder Jugendliche. Wer hat sich in finanziell klammen Momenten seines Lebens nicht auch einmal gedacht, ach, wäre ich doch nur so reich wie …

Eines sollte uns dabei bewusst werden: Nur weil viele sein wollen wie bewunderte Personen, sind diese so bekannt, berühmt und oftmals auch so reich, wie sie eben sind. Erst das Sehnen nach diesem Glamour stützt deren Erfolg, auch deren wirtschaftlichen Erfolg. Wir wissen jedoch genau, dass wir niemals so sein werden, sondern immer wir selbst bleiben. Das ist gut so und geht auch nicht anders. Wer will schon als Kopie durchs Leben gehen? Das Tolle und das, was wirklich erfolgreich ist, ist das Ehrliche, Authentische:

Erfolg kommt meistens, wenn du bist, wie du bist.

Sich selbst genießen lernen

Es war einmal ein kleines Kind. Das schlief und im Traum stand es auf. Es zog sich an und ging hinaus. Es ging weiter und weiter. Schließlich wusste es nicht mehr, wo es war. War es ein Wald? Ein Feld? Eine Steppe?
Es war ein langer Weg und das Kind verlief sich immer wieder. Aber es gab nicht auf, nie, das kam nicht in Frage. Eines Tages, das Kind war schon lange kein Kind mehr, wachte es auf.
Es erkannte sich selbst und freute sich an dem, was es sah:
Ich bin ich selbst.
Ich bin ich.
Ich bin einmalig.
Ich freue mich, hier zu sein.
Ich bin dankbar dafür – und zwar besonders mir selbst.
Die Dankbarkeit verwende ich, um mich anderen Menschen ehrlich, so wie ich bin, zuzumuten. Denn das danken sie mir besonders.
Niemand will eine Schau von mir.
Alle wollen mich echt, ehrlich, authentisch.
So bin ich am besten!
Ein Genuss!

Die Stimme des Herzens

Die Stimme des Herzens, die Intuition, ist unser wichtigstes Hilfsmittel, um zu Entscheidungen zu kommen. Grundsätzlich führt eine Entscheidung zu einer Trennung von etwas (gegen das man sich entschieden hat) und damit zu einer Hinwendung zu etwas anderem. Dieser Trennungsaspekt tut manchen richtig weh, weil sie ihre Entscheidung unbewusst mit anderen Trennungssituationen im Leben verbinden.
Wir sollten uns nicht zu früh entscheiden. Wenn uns wirklich wichtige Informationen dafür fehlen, sollten wir warten. Aber in der Realität ist es viel, viel häufiger so, dass wir uns nicht entscheiden, obwohl keine nützlichen neuen Aspekte mehr zu erwarten sind. Entscheidungen sind grundsätzlich umso leichter und auch umso besser, je weniger wir wissen. Natürlich müssen wir das Grundthema verstanden haben, aber dann ist das Minimum an Information ausreichend, weil damit unsere Intuition möglichst wenig beeinflusst wird. Alles Wissen, das wir nicht wirklich brauchen, ist nicht nur wertlos, sondern Ballast. Das gilt besonders für Gefahren- und Beziehungssituationen. Es gilt weniger für komplexere Inhalte mit mehreren Variablen.
Sich nicht zu entscheiden kostet uns Energie. Wenn wir uns nicht entscheiden, entscheiden wir letztlich, dass Dritte über unsere Themen richten, und schließlich müssen wir nehmen, was übrig bleibt. Ein trauriges Beispiel sind zerrüttete Partnerschaften. Meistens kommt es irgendwann, zu spät, zu einer Trennung, und bis dahin war das Leben eine Mischung aus verzweifelter Hoffnung und dem Blick in den Abgrund. Was übrig bleibt, sind große Enttäuschung und Erschöpfung, Traurigkeit und Wut.
Intuition funktioniert nur, wenn man Botschaften aus der Tiefe seiner Gefühlswelt in eine Beziehung zu seiner Erfahrung und zu sich selbst bringt, um daraus Schlüsse zu ziehen. Klingt ganz schön komplex, ist es auch. Deshalb läuft sie in uns automatisch

ab. Wir müssen „nur" hinhören. Betrachten wir sie Schritt für Schritt: Intuition ist nicht gleichzusetzen mit Fantasie, sie ist auch keine Form mathematischer Abwägung. Sie ist eine durch die gesamte Lebenserfahrung gestützte Vermutung. Das erste, was also da sein muss, damit wir intuitiv vorgehen können, ist Erfahrung. Und zwar Erfahrung auf dem Gebiet, um das es gerade geht. Wer als Mönch sein Leben keusch verbracht, den Zölibat immer beachtet hat, der kann unmöglich in sexuellen Fragen intuitiv vorgehen. Wer als Mathematiker bisher immer am Schreibtisch saß und nun auf einmal ein Weingut geerbt hat, kann unmöglich intuitiv entscheiden, wann die Weinmaische aus dem Bottich gehört. Deshalb gilt:

Intuition funktioniert ausschließlich in Bereichen, in denen du schon genügend Erfahrung gesammelt hast.

In wirklich neuen Situationen oder Konstellationen kann sie nicht wirken. Deshalb bekommen wir in solchen Momenten eher Angst als intuitive Eingebungen. Diese eigentlich nachvollziehbare Tatsache lassen viele außen vor, wenn sie meinen, intuitiv etwas zu entscheiden, obwohl sie wissen, dass sie darin überhaupt keine Erfahrung haben. Es geht hier wohlgemerkt nicht um theoretisches Wissen, sondern um die Erfahrung, wie dieses Wissen angewendet werden sollte. Erst wenn wir eine funktionierende Erfahrungsbasis haben, können wir in einem Bruchteil von Sekunden darauf zugreifen. Intuition ist schnell. Das muss sie sein, weil sie uns in der Menschheitsgeschichte oftmals vor Schlimmerem bewahrt hat. Sie wurde vermutlich gebildet, um in Gefahrensituationen rasch die richtige Entscheidung zu treffen. Es macht nun einmal einen Unterschied, ob ich als Urmensch durch die Wälder streife, ein ungewöhnliches Geräusch höre und mich dann entscheide zu warten, zu fliehen, zu schleichen und auch noch, welchen Weg (rechts, links, vorne, hinten) ich wähle. An dieser Gefahrenszene können wir noch heute gut fühlen, wie Intuition funktioniert. Sie sagt einem nicht wörtlich: „Hallo, Träger der Intuition! Schön, dass es dich gibt. Ich würde dir wahrscheinlich raten, das Geräusch ernst zu nehmen, denn es könnte ein Wolfsrudel sein, und deshalb, da der Ton rechts etwas lauter ankam als links, könntest du eventuell überlegen, nach links auf den Baum zu klettern." In der Zwischenzeit wäre man von den Wölfen aufgefressen. Also geht sie schnell und nonverbal. Intuition sagt uns etwas mittels unserer Gefühle. In kürzester Zeit haben wir als Urmensch das Gefühl, wir sollten uns doch rasch mal auf den links stehenden Baum bewegen – und siehe da: Von oben schaut das Wolfsrudel richtig herzig aus – und insbesondere so angenehm ungefährlich.

Dieses Beispiel zeigt, wie Intuition genutzt wird. Die Aufgaben sind: Du musst sie als solche erkennen, dann ihr glauben und schließlich ihr folgen. Also drei Hindernisse, mit welchen so mancher kämpft. Das können nur Anfangsschwierigkeiten sein, denn je mehr du Intuition einsetzt, umso trainierter wirst du darin und umso besser verstehst du dich mit ihr.

Wenn wir sie zugelassen haben, sollten wir sie zunächst als Intuition erkennen. Sie läuft ohne jedes Bewusstsein ab. Zunächst können wir sie also nicht wahrnehmen. Das erste Zeichen ist etwas, das „aus unserem Bauch heraus kommt", ein meistens nicht genau bestimmbares Gefühl, das entweder „gut" oder „ungut" ist. Diese innere Stimme ist recht leise. Etwas Lautes kann Gier sein oder Angst oder Verlangen und vieles mehr. Intuition ist eine leise Stimme und immer ein zarter Hinweis.

Im zweiten Schritt sollten wir ihr glauben: Menschen neigen dazu, gutgläubig zu sein, was die eigene Intuition angeht. Einige neigen dann dazu, aus zu wenigen Informationen Schlüsse zu ziehen. So wie es bei bewussten Entscheidungen ein Mindestmaß an Material als Entscheidungsgrundlage geben muss, ist es auch bei Intuitionen. Unverändert gilt: Zu viele Informationen erschweren die Wahrnehmung einer korrekten, eigenen Intuition. Aber Intuition aufgrund einer einzigen Information gibt es kaum.

Im dritten und letzten Schritt sollten wir ihr folgen: Das ist der Weg, sich intuitiv zu trainieren. Je eher wir meinen, eine Intuition wahrgenommen zu haben, und ihr dann auch folgen (so wir uns keiner Gefahr damit aussetzen), umso klarer können wir entscheiden, wie ausgeprägt unsere Fähigkeiten in dieser Richtung sind. Anfangs wird Versuch und Irrtum gelten, abgelöst von immer besseren Entscheidungen. Aber mit der Zeit wirst du merken: Intuition ist eine Frage der Wahrnehmung und der Übung. Intuition ist also eine fundierte Ahnung von dem, was kommen wird. Wir nehmen mit ihr etwas in unserem Inneren vorweg. Versagt sie, ist unser Verstand auf sich allein gestellt. Intuition ist extrem wichtig, wenn wir uns selbst näher kommen wollen, denn sie funktioniert besonders gut bei allen Themen, welche mit uns selbst und unserer Vorgeschichte zu tun haben; genau das zeichnet sie ja aus. Deshalb sollten wir sie freundlich begrüßen und beispielsweise bei partnerschaftlichen Unklarheiten für passende Lösungen einladen. Man kann sagen, Intuition teilt uns vorsichtig und unverbindlich mit, was wir möglichst tun sollten, um uns selbst nicht zu schaden.

Intuition kann nicht wirken bei allen mathematisch-statistischen Sachverhalten wie den Kreuzen auf dem Gewinnspielzettel. Alles, was mit klaren mathematischen Wahrscheinlichkeiten oder mit sicheren Erkenntnissen zusammenhängt, ist anhand dieser einzuschätzen. Intuition versagt immer bei solchen Themen.

Wenn du eine Intuition hast, folge grundsätzlich deinem ersten Impuls. Der ist noch am wenigsten durch die Bewertungsmaschine deiner Gedanken gelaufen und damit am reinsten. Das funktioniert aber nur, wenn du bereits genug Routine dabei hast. Intuition ist extrem wichtig für das Maß an Glück, welches wir erleben. Weil uns unsere Intuition von Ungutem wegführen (wegfühlen) kann und uns zu Momenten leitet, die wir positiv empfinden.

Der Raum für meine Stimmen

Ist das laut da draußen! Kann denn jemand mal die Fenster schließen?!
Wie? Alle sind bereits zu?
Es ist meine Aufgabe, die Geräusche von außen, gleich, ob sie verlockend klingen oder wie eine Kakofonie, nur dann zu hören, wenn sie für mich bedeutsam sind.
Viel bedeutsamer ist das, was in mir selbst tönt.
Auch das kann mal schriller und mal harmloser sein – die Sinfonie in mir selbst ist nicht immer ein Wohlklang, aber immer echt.
Je mehr Volumen ich meinen eigenen Tönen schenke, umso klarer werden sie.
Herrlich! Ich höre mich selbst. Berührend, ohne rührselig zu sein.
Ich lade alle meine Stimmen in mir ein, zu erscheinen.
Meldet euch bei mir.
Ich werde ab jetzt aufmerksam lauschen und euch einen Raum in mir geben, den ich frei halte von allem anderen.

Der wahre Wohlfühlort

Die Macht von Kosmetika und Schönheitsoperationen über unseren Körper ist minimal. Letztlich tut er, was er will. Seien wir ihm dafür dankbar! Denn er kann das viel besser als wir. In jeder Sekunde wertet er über zwei Millionen Signale aus – und das meistens über Jahrzehnte ununterbrochen sehr zuverlässig und effektiv. Unser Körper liebt uns so sehr, dass er uns genug Freiraum für uns selbst schenkt. Wir sollten ihm und seiner Macht danken und huldigen. Schenken wir ihm deshalb das, was er braucht.

Leichtigkeit im Leben bedeutet auch, den eigenen Körper anzunehmen, so wie er ist, und ihn liebevoll zu behandeln.

Keiner ist gern krank, wir alle wollen möglichst gesund leben. Leider geht das nicht. Ich vergesse niemals einen Mann, der mit Mitte 60 in meine Praxis kam und eine leicht zu heilende Hauterkrankung hatte. Er beklagte sich bitterlich bei mir, er sei sein Leben lang nicht krank gewesen. Er habe immer gedacht, er könne gar nicht krank werden, und seit wenigen Monaten komme nun eine Krankheit zur anderen. Traurigkeit und Wut mischten sich in seine Äußerungen. In genau diese Kerbe schlagen viele Ratgeber, die uns weismachen wollen, ein Leben ohne Krankheit gäbe es. Gibt es nicht. Krankheit gehört zu uns Menschen, weil Krankheit für uns eine Bedeutung hat. Als ob es nur die heutige Zeit wäre, die uns krank macht. Werfen wir einen kurzen Blick auf Ötzi, diesen Mann aus der Jungsteinzeit, der vor 5300 Jahren starb. Er litt unter anderem an Laktose-Intoleranz, an Arterienverkalkung (angeblich eine reine Zivilisationskrankheit) und an einer Herz-Kreislauf-Erkrankung. Für ihn genauso wie für uns gilt: Krankheit wird uns immer wieder erinnern, dass unser Leben nicht nur leicht sein kann. Wichtig ist unser Einverständnis damit, dass Gesundheit und Krankheit normal sind und das Streben nach steter Gesundheit naiv. Insbesondere ist es sinnlos. Gesund gestorben mit 93 Jahren? Gibt es nicht. Der Versuch, mit seinen Illusionen der Unverwundbarkeit und des ewigen Lebens letztlich der eigenen Kindheit nicht entfliehen zu müssen, ist nur scheinbar leicht. In uns gibt es starke Instanzen, welche die dahinterstehende Lüge aufdecken. Wichtig ist, sich selbst in ein wirkliches Erwachsenenleben zu führen, und dazu gehört auch, die Beschränkungen, welche der eigene Körper vorgibt, zu akzeptieren.

Selbstverständlich sollten wir uns so verhalten, dass wir möglichst gesund bleiben, der Zustand ist einfach angenehmer. Dafür gibt es unüberschaubare Ratschläge, dabei können sie auf vier Inhalte reduziert werden.

Was also solltest du deinem Körper an Gutem tun, damit du möglichst lange dein Leben genießen kannst? Das ist einfach:

1. Schenke ihm Lebens-Mittel. Das meint Mittel, um zu leben, nicht nur, um zu überleben. Zu Lebensmitteln gehören weder Fast Food noch Chemieprodukte noch gehärtete, gesättigte Fette noch Zucker im Übermaß. Gut hingegen sind genug Ballaststoffe, also Gemüse und auch Obst. Möglichst wenig Fleisch, und wenn, dann weißes Fleisch und Fisch. Das war schon alles, was die Ernährung angeht.
2. Verzichte auf Suchtmittel. Dazu gehört vorrangig Alkohol, wobei der in sehr überschaubaren Mengen genossen nicht schlimm ist. Dazu gehören alle Produkte, die Nikotin und Teer abgeben, und alle Medikamente, außer denen, die wirklich lebensnotwendig sind.
3. Kümmere dich um genug Schlaf. Das bedeutet, minimal sechs Stunden, maximal neun Stunden am Tag. Dabei ist es nicht wichtig, ob diese Stunden am Stück genommen werden oder in zwei oder drei „Portionen". Die Durchschlafregel wurde im 19. Jahrhundert erfunden, damit die Fabrikarbeiter morgens

auch wirklich fit für den Reichtum der Fabrikbesitzer arbeiten konnten und für das Wachstum der Gesellschaft einsatzbereit waren. In der Regel brauchen auch erwachsene Menschen acht Stunden Schlaf am Tag.
4. Bewege dich. Jeder Körper will bewegt werden. Es genügen dafür dreimal pro Woche 30 Minuten wirkliche Bewegung. Wenn du ihm mehr schenken willst, ist es in Ordnung. Aber achte darauf, nicht zum „Sportaholic" zu werden und suchtartig nur noch „leben zu können", wenn du jeden Tag in extensiver Weise Sport treibst. Etwas täglich tun zu müssen bedeutet Suchtgefahr.

Mehr Regeln gilt es nicht zu beachten. Manchem wird das eine leichter und das andere schwerer fallen. Nimm dir zunächst das vor, was dir am leichtesten fällt, beispielsweise eine Stunde früher zu Bett gehen. Oder eben doch das schon seit Langem bestehende Abonnement im Fitnessstudio zu nutzen.

Wenn du eine Sache so geändert hast, dass sie dir leicht von der Hand geht, nimm dir die nächste vor. Du wirst dich wohler fühlen und allein schon deshalb frischer, besser aussehen und wirken – und das ganz ohne einen Arzt oder ein Messer.

Dein Körper kann der wahre Wohlfühlort auf Erden sein – das Herrliche ist: Du kannst ihn überallhin mitnehmen.

Der Körper ist eine weise und sehr eigenständige Instanz. Viele, die sich mit sich selbst befassen, verstehen den Körper zugleich als einen Teil von sich selbst und als etwas, das sie wie etwas Geliehenes achten sollten und nutzen können. Das ändert nichts daran, dass unsere Seele den Körper braucht, um auf der Erde sein zu können. Die Seele ist viel mehr vom Körper abhängig als umgekehrt. Verabschieden wir uns deshalb von der falschen Idee, wir hätten wirklich Macht über unseren Körper.

Verabschieden wir uns auch von der Idee, der Wille sei ein Ausdruck unserer Seele. Der Wille sitzt im Körper. Über Körperfunktionen wird viel mehr gesteuert, als wir wahrnehmen können oder wollen. Jeder, der schon einmal schwer krank war, weiß, wie sehr er vom Körper abhängig ist. Und jeder, der mal so richtig müde war, weiß, dass sein Körper ihn zwingt. Gewiss, sportliche Höchstleistungen wie bei einem Hochleistungswettkampf zeigen, dass auch wir den Körper bis zu einem gewissen Grad steuern können. Das ist die mentale Seite von Sport. Dennoch, damit beeinflussen wir direkt fast ausschließlich unsere Muskulatur und hoffen (in der Regel zu Recht), dass den riesigen Rest der Körper alleine macht.

Was jedoch streben manche mit ihrem echten Wohlfühlort auf Erden an? Aus Unzufriedenheit, keinen perfekten Körper „abbekommen" zu haben, gehts ran an ihn: Körpermodifikation nennt sich das in modern-verschleiernder Art. Harmlos sind noch die Enthaarungen im Achsel- und Intimbereich, die jedoch sehr unterschiedliche Ziele verfolgen. Frauen wollen sich mit nacktem Genital kindlich-rein demonstrieren, Männer wollen zeigen, was sie haben. Grundsätzlich strebt der Markt – und hier geht es ums Geld und sonst um nichts – für Schönheitsoperationen von Jahr zu Jahr neue Höhen an. Inzwischen scheinen viele den Glauben an sich so sehr verloren zu haben, dass sie meinen, sie müssten ständig an sich arbeiten und sich dabei natürlich optimieren. Eine weitere Form von Allmachtphantasie. Verantwortlichkeit für sich selbst bedeutet nicht, den Körper als beliebig formbare „Rohware" für sein eigenes Ego zu definieren. Verantwortlich ist ein Verhalten, das den Körper, so wie er ist, annimmt, ja, auch liebt und pflegt. Die Idee, man könne sich über seinen eigenen Körper stellen, ist unvorstellbar naiv. Schon ein banaler Schnupfen zeigt jedem, der dieser Idee verfallen ist, wie nah die Unmachbarkeitsgrenze dieser Fantasie liegt.

Mein eigener Körper

Ich kenne jemanden, der unendlich demütig ist.
Er erträgt fast alles, was ich ihm zumute. Chemikalien, Gifte,
harsche Behandlung, Anforderungen über Grenzen hinaus.
Er ist ganz leise, immer da. Ohne ihn gibt es mich nicht.
Ich tue, als könnte ich über ihn verfügen.
Ich bilde mir ein, ihn besiegen zu können.
Ich glaube, mit ihm machen zu können, was ich will.
Meistens jedoch merke ich nicht, dass es ihn gibt.
Er ist so selbstverständlich, einfach nur da.
Welcher Hochmut ist in mir, ihn nicht zu ehren?
Welche Dummheit, ihn nicht zu pflegen?
Es wird Zeit für meine eigene Demut ihm gegenüber:
Danke, dass du mich trägst.

Konzert oder Kino?

Vor sehr langer Zeit sagte ein Mann: „Auf böse und traurige Gedanken gehören ein gutes, fröhliches Lied und freundliche Gespräche." Dieser Mann war nicht wirklich für seine freie Art und lockere Lebensweise bekannt, es war Martin Luther. Offenbar wusste man aber bereits vor 500 Jahren um die positiven Auswirkungen von Musik auf unser Empfinden.

Vor Jahrzehnten stellte uns einmal der Deutschlehrer die Aufgabe, einen Aufsatz darüber zu verfassen, was schlimmer sei: taub zu werden oder blind. Die meisten antworteten, die Blindheit sei schlimmer. Das ist aber nicht der Fall, wie übrigens auch Untersuchungen zu Persönlichkeitsstörungen von Tauben (die öfter und schwerer darunter leiden) und Blinden (die eher normal am Sozialleben teilnehmen) zeigen. Das liegt an der Bedeutung von Klang, Stimme, Sprache und Musik, die erheblich tiefer und archaischer wirken als Bilder. Das bedeutet in keiner Weise, Bilder seien zweitrangig oder unwichtig. Aber sie zielen auf andere Ebenen in uns, eher auf intellektuell dominierte Bereiche. Musik eignet sich gut, die Bedeutung des Moments zu erläutern. Wir können Musik ausschließlich genießen, wenn wir sie hören. Ansonsten ist es nur die Erinnerung an ein schönes Konzert oder die Vorfreude. Wirklich ergriffen werden wir von ihr nur dann, wenn wir sie hören. Das zeigt uns eindrücklich:

Genuss findet nur in der Gegenwart statt.

Ein Beispiel, von dem mir vor Jahren eine Bekannte, Samantha, erzählte: „Es war im Sommer 1984. Ich war zuvor noch niemals auf einem Open-Air-Konzert gewesen und ging das erste Mal in einer Gruppe von zehntausenden Menschen ins Stadion. Das Wetter war herrlich warm. Um acht Uhr abends, es war noch hell, kam der Weltstar auf die Bühne. Ich stand direkt davor und hatte das Gefühl, ihn anfassen zu können. Born in the U.S.A. – was für ein Titel! Mit den berühmten Klängen ging es los und ich war vollkommen erfasst von der Musik. Ich kannte jede Zeile von fast jedem Lied. Ich schwebte nicht auf Wolke Sieben, sondern noch darüber! Ich roch Cannabis und dachte mir nur: Wie kann man das Zeug jetzt brauchen, ohne das ist es viel geiler! Mit mir tanzten, schrien, jauchzten die Leute. Es wurde dunkel, aber Springsteen wollte nicht aufhören. Schließlich, kurz vor Mitternacht, das letzte Lied: Twist and shout! Yeah, twist and shout, baby! Alle sangen und schrien mit, 40 Minuten lang bei diesem einen Lied! Es war unbeschreiblich, eine wogende, begeisterte Menge völlig einiger Menschen im Rausch der Musik." Wenn du diese Beschreibung auf dich wirken lässt, merkst du, wie herrlich es ist, Interesse und Begeisterung für etwas zu haben. Schon ist das Leben leicht!

Begeisterung für etwas – für Menschen, für Musik, für ein Wissensgebiet, für Sport – nimmt dich mit in ein Land der Freude und des Glücks.

Jedem, dem es nicht so gut geht, kann man nur raten, sich in Momente des Lebens zurück zu fühlen, in denen sie oder er glücklich, begeistert, ganz dabei war. Solche Momente gibt es in jedem Leben, und mögen sie scheinbar noch so lange vorbei sein. Sie sind in dir und können wieder hervorgeholt werden. Vielleicht haben sie auch mit Musik zu tun.
Die Wirkung von Musik ist tiefgehend, wir können uns damit in andere Welten bringen, wir können dabei große Freude und Glücksgefühle entwickeln, wir können traurig und ergriffen sein. Ein weites Spektrum aller uns möglichen Gefühle hängt mit der Musik zusammen. Wie stark sie wirkt, können wir erkennen, wenn wir einen Film anschauen und den Ton abstellen. Die Angst (wird der Held überleben?) bleibt ohne Ton auf der Strecke. Und

die innerliche Rührung hat es schwer ohne entsprechende Musik im Hintergrund.
Die Wirkung eines Films beruht zu einem wesentlichen Teil auf der die Bilder begleitenden Musik. Grundsätzlich gilt wohl, tief entspannen können wir kaum vor dem Bildschirm, außer wir schlafen vor Langeweile ein. Die angebotenen bildlichen Informationen müssen immer auch intellektuell verarbeitet und können in der Regel nicht einfach nur so genossen werden. Letztlich fordern uns Bilder (mit Ton) mehr als der Ton allein. Kino ähnelt eben auch der Situation, wie wir sie vor dem Computer-Bildschirm oder dem Handy-Bildschirm vorfinden. All das lenkt ab. Der Wirkung von Musik können wir uns kaum entziehen. Warum sollten wir auch? Schlauer ist es, sie sich zunutze zu machen.
Gehe zurück in deine eigene Geschichte: Wann gab es Momente mit Musik, in denen du voll und satt des Lebensglücks warst? Nutze dann nicht die Erinnerung, sondern die Musik selbst. Es ist gleich, wie weit du dafür zeitlich zurückgehen musst – an die Wirkung werden sich deine inneren Instanzen gern erinnern. Wenn dir nicht sofort etwas einfällt: Was war das erste Konzert, welches du besucht hast? Gleich, ob Schlager, Pop, Volksmusik, Klassik, Jazz. Oder die Musik welcher Gruppe hast du früher sehr gern gehört? Oder welches Konzert hättest du zu gern gehört, aber keine Karten bekommen?
Es lohnt sich, den Glücksschatz deines Musikgeschmacks zu heben und zu nutzen. Mache dir eine Liste mit der Musik, die dich in richtig gute Laune versetzt. Schäme dich nicht deines Geschmacks. Wenn du die technische Möglichkeit hast, nimm dir Stunden Musik auf (Handy, Computer, CD), die du als „Ich freue mich am Leben" bezeichnen kannst. Wenn du Lust hast und erst recht, wenn ein graues, kleines, depressives Wölkchen in dir aufzieht, höre dir die Musik an. Eine ähnliche Wirkung haben die anderen Kultur- und Kunstformen meistens nicht. Sollte es bei dir anders sein, wunderbar. Wenn du also Glücksgefühle immer dann spürst, wenn du einen Beuys siehst oder einen Dürer – nutze das.

Wie immer gilt: Das rechte Maß macht glücklich. Wenn du nur noch Bilder von Rembrandt ins Büro hängst und die Wand vor lauter Bildern nicht mehr siehst, wirst du wahrscheinlich bald abstumpfen. Das Gleiche gilt, wenn du die oben beschriebene Glücksmusik in einer Endlosschleife laufen lässt.

Die Fülle vermehren

Mein Inneres ist voll.
Voll von Gutem, voll von Ideen, voll von Chancen.
Diese Fülle kann für sich allein stehen.
Sie kann ergänzt werden durch Bilder, die mich anregen und mich träumen lassen.
Sie kann ergänzt werden durch Töne und Musik, die mich anregen und träumen lassen.
Ich habe das Recht, selbst zu entscheiden, mit welchen Inhalten ich mich fülle.
Meine innere Fülle wird durch das, was ich erlaube, vermehrt.
Alles andere kann bleiben, wo es herkommt.
Ich habe ein Recht darauf, das zu nehmen, was ich möchte, und das zu lassen, was ich nicht brauche.

Sinn bilden

Wissen allein bewirkt nichts, gar nichts. Wenn ich weiß, wie eine Atombombe gebaut wird, und dies nicht tue, geschieht nichts Schlimmes. Wenn ich weiß, wie man Malaria ausrotten kann, und dies nicht tue, geschieht nichts Gutes. Unsere Wirkungen gehen immer von unseren Handlungen aus. Schon Erich Kästner dichtete: „Es gibt nichts Gutes, außer man tut es." Unsere Motivation und unser Wille können dabei den Erfolg maßgeblich mitbestimmen, unsere Bewusstheit das Ziel selbst ausformulieren. Aber unsere Kreativität, die aus vielen unbewussten Anteilen gespeist wird, bestimmt über die Individualität dessen, was wir tun. Kreativität bedeutet, etwas aus sich selbst heraus zu bilden, etwas zu erfinden. Sie basiert ganz vorrangig auf Neugier und darauf, sich selbst die Erlaubnis zu schenken, kreativ zu sein. Meinst du, das ist gar nicht dein Ding, du seiest nicht „künstlerisch"? Dann erzähl dir selbst doch einmal im Detail deinen letzten Traum, an den du dich erinnerst. In diesem Traum gab es mit Sicherheit Dinge, die du so im Alltag noch nie erlebt hast. Du hast damit etwas aus dir heraus gebildet und erfunden. Unsere Träume sind der Beweis dafür, dass jeder Mensch kreativ ist. Man kann sogar sagen:

Mensch zu sein bedeutet, kreativ zu sein.

Betrachte dich aufmerksam, damit du deine eigene Kreativität erkennst und somit auch leichter nutzen kannst. Aufmerksamkeit hilft dir dabei weiter, denn oftmals resultieren kreative Impulse aus der Entdeckung von etwas, das wie ein Kristallisationskeim für die eigene Schöpfungskraft dient. Mit dieser Kraft hast du auch ein eigenes Instrument in der Hand, um den Sinn deines Lebens festzulegen. Denn:

Der Sinn deines Lebens ist deine eigene Entscheidung.

Dein Leben hat genau den Sinn, den du ihm gibst.[25] Das bedeutet, dich selbst zu beschenken. Der Sinn kann jedoch nicht wahllos definiert werden, du findest ihn in dir selbst. Du brauchst also nicht auf irgendeine Eingebung oder einen Engel zu warten, der dich im Traum besucht und dir deinen Lebenssinn von Leierklängen begleitet zärtlich ins Ohr haucht. Der Engel bist du selbst und die wundervolle, weise Instanz deines Inneren. Nun gibt es immer wieder einmal Momente und auch Phasen im Leben, die alles andere als erwünscht sind. Sie verleiten einen, eine Form von Sinn zu suchen, der mit dem Sinn des eigenen Lebens nichts mehr zu tun hat. Der Philosoph Andreas Tenzer sagte einmal: „Sinn heilt Wunden." Genau das ist der Grund, warum wir in allem einen Sinn erkennen wollen, nahezu müssen. Wenn etwas Schweres einfach so geschehen wäre, ohne einen Sinn gehabt zu haben, empfänden wir es als noch schwerer; zumindest glauben wir das. Wer jedoch auch nach langer und ehrlicher Betrachtung hinter seinem Schicksal keinen Sinn erkennen kann, dessen Risiko, depressiv zu werden, steigt dramatisch an. Dann glauben wir, nur noch eine Lösung zu haben: In allem etwas Sinnvolles zu sehen, es sozusagen hineinzuinterpretieren. Diese Freiheit haben wir. Aber der Preis ist hoch. Interessanterweise suchen die wenigsten nach dem Sinn in etwas Positivem, sondern meist nur in schlimmen Erlebnissen. Es erscheint so, also ob wir nur Sinn dann als wertvoll anerkennen mögen, wenn der Weg dorthin besonders leidvoll ist. Dabei wäre es wahrscheinlich nützlicher, sich aufgrund von Einzelerlebnissen zu fragen, wie wir unsere Erlebnisse als Teil unseres Weges verstehen und schätzen lernen und was wir aus den Erfahrungen für unsere Zukunft lernen. Sobald wir sie verdammen, degradieren wir sie und damit nehmen wir uns selbst viel von dem Wertvollen dieser (vergangenen) Zeit und ihrer Begebenheiten.

Zu unserem Leben gehört die Sinn-Frage.[26] Aber wir sollten nicht versuchen, sie an einzelnen, möglichst noch unangenehmen Inhalten zu beantworten. Unser Sinn hat mit dem Tagesgeschehen nichts zu tun. So können wir es als eine befreiende Verpflichtung sehen, uns die Sinn-Frage zu stellen und zu beantworten, solange wir leben. Denn der Sinn ist eine persönliche Festlegung, die im besten Fall auf einer wahrhaftigen Auseinandersetzung mit sich selbst beruht und das integriert, was uns unser Innerstes sagen will.

Die Aufgabe zum Schluss

Was in mir bereit ist, wartet darauf, von mir entdeckt und genutzt zu werden. Es will nicht ruhen und nicht geschont werden. Es will seinen Beitrag zu meinem Leben leisten.
Der Sinn in meinem Leben besteht nicht nur darin, dass ich bin.
Der Sinn besteht vorrangig darin, was ich tue.
Meine Fähigkeiten ergänzen meine Persönlichkeit.
Im Gesamten forme ich meinen eigenen Lebens-Sinn.
Dieser beruht auf dem, was in mir ist.
Deshalb ist mein Ziel:
Ich habe mich von all dem da draußen nicht ablenken lassen.
So finde ich zu mir.
Das ist meine Aufgabe:
Ich sage Ja! zu mir selbst und ich sage Ja! zu meinem Leben.

Vom Du zum Ich zum Du

Die Lebenserfahrung der meisten Menschen zeigt, wie wichtig andere Menschen für ihr Wohl sind. Ein Leben, das wir als gut und sinnvoll empfinden, hängt immer auch von der Qualität unserer Beziehungen ab. Fühlen wir uns darin geborgen und wohl? Spüren wir, von anderen so angenommen zu werden, wie wir sind? Freuen wir uns, wenn wir andere treffen? Sehnen wir uns nach ihnen? Unsere Gefühlswelt hängt intensiv mit anderen zusammen, im Guten und ab und zu auch im nicht so Erwünschten.

Beziehungen erst komplettieren deine Gefühlswelt – ohne sie fehlt dir Wesentliches.

Deine Fähigkeit, mit anderen gute Bindungen aufzubauen, beeinflusst darum entscheidend deine Leichtigkeit und ermöglicht dir tiefe Zufriedenheit. Das wird dir umso selbstverständlicher gelingen, je mehr Selbstvertrauen und Selbstwert du aufbauen konntest.
Der Religionsphilosoph Martin Buber sagte einmal: „Der Mensch wird am Du zum Ich." Damit meinte er, dass wir uns selbst am ehesten finden und entdecken, wenn wir unsere Wirkung beim anderen spüren und uns selbst damit verstehen. Von Säuglingszeiten an lernen wir am Vorbild, in der Regel also zunächst an den Eltern. Uns ein Vorbild zu sein ist eine ihrer wichtigsten Aufgaben. In der Zeit, bis wir uns als „Ich" fühlen (meistens im zweiten Lebensjahr), orientieren wir uns ausschließlich am Du, eben an unseren Bezugspersonen. Dann beginnt eine recht lange Zeit, in welcher wir fast alles auf uns beziehen – vom Du zum Ich wechseln. Und wenn unsere Entwicklung gut verläuft, erhalten wir schließlich in einem dritten

Schritt die Fähigkeit, erwachsen und gereift auf das Du unserer Partner, Freunde und Bekannten zuzugehen. *Vom Du zum Ich zum Du* beschreibt also den gekonnten Lebensweg von uns allen.

Das Urvertrauen, welches wir an der Spiegelung am Du im ersten Lebensjahr entwickeln können, entspringt auf diese Weise dem Vertrauen in unsere wichtigste Bezugsperson, also meistens in die Mutter. Wenn sie uns liebevoll umhegt und wir dabei lernen können, ihr zu vertrauen, ist eine wichtige Basis für ein Leben in Leichtigkeit gelegt. Denn so lernen wir, was Vertrauen und wie groß die Sicherheit ist, die uns dadurch erwächst. Deine Vertrauensfähigkeit und dein Selbstvertrauen hängen also direkt damit zusammen, was dir zu Beginn deiner Erdenzeit widerfahren ist.

In Konsequenz dieser Lernerfahrung vertrauen wir uns selbst, wenn wir uns sicher mit uns selbst fühlen und uns selbst wertschätzen.

Selbstwert entsteht aus Selbstwirksamkeit und Selbstachtung. Du wirst deinen Selbstwert stärken, wenn du dich annimmst, wie du bist, und dich wertschätzt. Achte zudem ab sofort bewusst darauf, welche guten Auswirkungen deine Handlungen haben – im Alltäglichen ebenso wie im Großen.

In diesem Buch sind dir viele Anregungen gegeben, wie du deine Achtung dir selbst gegenüber bewahrst oder verbesserst. Wenn es dir auch damit gelingt, folgende zwei Sätze zu leben, hast du viel erreicht:

Ich meistere mein Leben.
Ich bin es wert, glücklich zu sein.

Auf einem solchen Weg braucht es mehr als dich selbst. Dafür sind die anderen für dich da, genauso wie du für die anderen da sein solltest. Erst das Zusammenleben, die Gemeinschaft mit anderen, wird dir ein Leben voller Zufriedenheit und mit genügend Leichtigkeit ermöglichen. Es ist erfüllender, zu zweit oder mit vielen voller Freude etwas zu teilen. Genauso wie es leichter ist, etwas Schweres gemeinsam zu tragen.

So wie du dich wertschätzt, achte den hohen Wert eines jeden anderen Menschen. Gehe mit dieser Grundeinstellung durch das Leben, denn wenn du dabei auf Wertungen weitgehend verzichtest, ersparst du dir selbst und den Menschen viel Leid.

Werte nicht den anderen, sondern wertschätze ihn.

Jede Bewertung ist eine Grenzüberschreitung beim anderen, aber jede Wertschätzung wahrt dessen Integrität.

Menschen sind Wesen mit einem sehr besonderen, einmaligen Charakter. Sie können humorvoll sein, lebenslange, befruchtende Freundschaften pflegen, tief Anteil nehmen am Schicksal und Leid und genauso an der Freude anderer. Sie sind zu Kultur und Kreativität fähig. Ihnen ist Rücksicht kein Fremdwort, sondern meistens selbstverständlich.

Die Fürsorge, die wir ansatzweise auch im Tierreich erleben können, ist beim Menschen nicht auf nahe Verwandte begrenzt und sie erfährt eine wahrlich menschenwürdige Krönung durch die Empathie, das Einfühlungsvermögen, das mit hoher Wertschätzung verbunden sein sollte.

Wenn du die Leichtigkeit im Leben erfahren hast, ist es eine erfüllende Aufgabe, dein Wissen und deine Lebensweise anderen nahezubringen. Nutze die Chancen, die dir dein Leben bietet, und teile sie mit anderen!

Der beste Freund

Ich bin für mich da.
Genauso wie ich für andere da bin.
Auch bin ich es wert, gemocht und geliebt zu werden.
Weil ich mich um andere kümmere.
Weil mir die Welt nicht gleich ist.
Weil ich andere liebe.
Ganz besonders jedoch, weil ich bin und weil ich bin, wie ich bin.
So bin ich der beste Freund für die anderen.
Wer sollte mich dann noch daran hindern, in einem freundlichen und freundschaftlichen Verhältnis zu mir selbst zu leben?
Ich darf der beste Freund für mich selbst sein.

Fortsetzung der Reise

Der Titel des Buches ist gewollt zweideutig. Zum einen sagt er, wenn du das Leben bejahst, dann ist es leicht. Im Umkehrschluss bedeutet er, das Leben ist schwer, wenn du es nicht willst. Es ist ein sich selbst verstärkender Kreislauf. Zum Ende des Buches möchte ich dir sagen:

Je klarer du Ja zum Leben sagst, umso leichter wird es.

Zum anderen sagt der Titel, dass du nicht nur das Leben annehmen solltest, sondern auch noch die Leichtigkeit dazu, bestimmte Einstellungen zu überprüfen und gegebenenfalls anzupassen und auch dein Verhalten in bestimmten Angelegenheiten zu ändern. Nur wenn du Leichtigkeit willst und auch bereit bist, etwas dafür zu tun, wirst du sie erleben. Für Leichtigkeit gilt das Gleiche wie für Glück: Beide kommen, wenn wir uns ihnen öffnen und etwas dafür tun. Sie kommen nicht von allein. Die Leichtigkeit verlangt nach einem ganz bestimmten Verzicht. Von diesem konntest du immer wieder lesen, wenn ich das Wort Allmacht benutzt habe. Meistens habe ich es so stehen lassen und nicht weiter erläutert. Das steht nun an. Wer sich der Fantasie hingibt, als Mensch allmächtig zu sein, beschwert sein Leben.

Nur wenige dürften sich wirklich als eine andere Instanz wahrnehmen, aber im Detail verhalten wir uns oft so, als hätten wir allmächtige Fähigkeiten. Unser Nutzen dieses maßlosen Anspruchs liegt klar auf der Hand: Wenn ich allmächtig bin, kann mich nichts mehr wirklich beeindrucken. Dann bin ich stark und insbesondere bin ich unsterblich. Das alles erinnert dich vielleicht an Fantasien von kleinen Kindern. So ist es. Aber ich habe an anderer Stelle bereits berichtet, wie nahe wir dem sind, was wir als Kinder fühlten und erlebten.

Konkret ging ich auf verschiedene Formen von Allmachtfantasien oder Grübeln ein, zum Beispiel: die Fantasie, in die Zukunft schauen zu können. Oder auch die Ideen alles oder das Wichtige vorher wissen zu können. Und die Unsitte, in alles etwas hineininterpretieren zu müssen und in allem (insbesondere in allem Schlimmen) einen Sinn zu sehen, statt es so zu akzeptieren, wie es ist. Auch das positive Denken zählt dazu: Dies ist die Allmacht in Reinkultur. Kaum denken wir etwas positiv, findet es ebenso statt – angeblich. Die Kontrolle ist letztlich eine Form von Allmachtfantasie: die Vorstellung, (Beziehungs-)Konstruktionen aufbauen zu können, welche Menschen dazu bringen, das zu tun, was wir von ihnen wollen. Auch das Streben nach der Einheit gehört hierher: sich mit der unveränderlichen Tatsache, in einer Welt voller Polaritäten zu leben, nicht abfinden zu wollen. So mancher bastelt sich mit verschiedenen Methoden und Denkmodellen deshalb seine widerspruchsfreie Welt. Perfektionismus ist ebenfalls ein Versuch, Allmacht zu erlangen: Auf ihn bin ich im Buch nicht eingegangen. Aber auch er soll hier kurz erwähnt werden. Er entspricht der Idee, eine Aufgabe wirklich perfekt lösen zu können, und hat übrigens meistens das Ziel, nicht fertig zu werden und damit sein Ende zu vermeiden. Zur Allmachtfantasie gehört auch der Traum von der eigenen Fehlerfreiheit. Ebenso die Pseudomacht über den eigenen Körper: Die Vorstellung, den Körper in markanten Funktionen steuern zu können oder mit den richtigen Kniffen auf ewig gesund zu bleiben, ist ein Wunsch nach Allmacht. An körperlichen Eingriffen können wir das Streben nach Perfektion besonders gut erkennen: immer dann, wenn der Schönheitschirurg Hand anlegen soll, damit der Mensch unter seinem Messer das Antlitz oder die Figur einer Statue erreiche. Die Gier in all ihren Ausprägungen zählt ebenfalls dazu: nach Geld, nach Einfluss, nach Status, nach Macht, nach Besitz, nach Wissen, nach Informationen. All das soll uns das Gefühl der Ohnmacht ersetzen und uns in eine vermeintliche Allmacht versetzen.

Im Alltag fällt uns oft nicht auf, wenn wir wieder einmal glauben, allmächtig zu sein. Denn wir möchten die tatsächlich vorhandene Ohnmacht nicht akzeptieren. Gerade darin, unsere tatsächlichen Möglichkeiten realistisch einzuschätzen, liegt eine unglaubliche Leichtigkeit unseres Seins! Merke dir diesen Satz:

Du bist frei und fühlst dich leicht, wenn du dich als Mensch akzeptierst und aufgibst, Idealen oder einer Allmacht nachzueifern.

Wie schön wären die Welt und das Leben, wenn sich alle Menschen endlich mit der ihnen gemäßen Form von Ohnmacht auseinandersetzten und arrangierten. Wenn wir unsere Ohnmacht akzeptieren, können wir unsere Macht und Kraft, die wir fraglos haben, in Menschliches investieren. Sich glücklich zu fühlen, die eigene Freiheit zu spüren, das sind keine Fragen von Zufall. Dahinter steckt eine angenehme Form von Arbeit. Es gibt neben der Notwendigkeit, seine Allmachtvorstellungen aufzugeben, einen einfachen Trick: Wir sollten uns ab sofort so verhalten, dass wir nichts mehr bereuen müssen. Dann leben wir zufrieden und freuen uns auf die Zukunft. Und wenn wir zurückblicken, tun wir es ohne Zorn und ohne Traurigkeit. Überprüfe deshalb bei allem, was du tust, ob es zu dir passt und ob du wahrscheinlich auch in ein paar Jahren noch sagen kannst: „Ich tue, was ich bin."

Es ist klug, so zu leben, dass wir uns zu jedem Zeitpunkt sagen können: „Ich habe angestrebt, mein Leben leicht zu nehmen, denn ich habe nur dieses eine." Und es ist sinnvoll, diese Einmaligkeit nicht mit unnötiger Schwere zu belasten. Deshalb gebe ich dir diesen Gedanken mit auf den Weg:

Es geht um die Akzeptanz des eigenen Lebens, es geht um das Zulassen, das Begrüßen der Leichtigkeit im eigenen Leben.

Zum Abschluss

In diesem Buch möchte ich Sie in Ihrer Einmaligkeit würdigen. Das geht nicht mit allgemeingültigen Rezepten, die gibt es für Menschen ohnehin nicht. Alles Illusion. Das ist Anpassung statt Authentizität, Verdummung statt Information. Ich hoffe, die Richtlinie des erwachsenen Umgangs mit Ihnen eingehalten zu haben, selbst wenn ich Sie geduzt habe.

Ich hoffe, dass ich Ihnen zeigen konnte, welch effektive Chance darin besteht, mit seinem Unbewussten voranzugehen und ihm gute Alternativen zu bieten, statt zu versuchen, es zu manipulieren. Vielleicht empfinden Sie wie ich das Leben selbst als Geschenk, vermutlich als das größte Geschenk, das uns je gemacht wird. Wenn dies so ist – haben Sie sich eigentlich schon einmal dafür bedankt? Die Qualität unseres Lebens hängt nicht vorrangig von dem ab, was wir erleben. Sie hängt davon ab, wie wir unsere Erlebnisse fühlen. Deshalb:

Erst begreifen, dann loslassen, dann die Leichtigkeit erleben.

Literatur

Meine Erfahrungen aus der Beratung von Menschen und meine Ideen davon, was es bedeutet, Mensch zu sein, flossen bereits in einige Bücher ein. In den erwähnten Büchern gehe ich detaillierter auf bestimmte Inhalte ein (die in Klammer gesetzt sind), als dies im vorliegenden Buch sinnvoll war.

Bergner, Thomas: Lebensmuster erkennen und nutzen. Was unser Denken und Handeln bestimmt. Heidelberg 2005. (Muster)
Ders.: Arzt sein. Die 7 Prinzipien für Erfolg, Effektivität und Lebensqualität. Stuttgart 2009. (Einfühlungsvermögen)
Ders.: Burnout-Prävention. Sich selbst helfen – das 12-Stufen-Programm. 2. Auflage, Stuttgart 2010. (Übungen)
Ders.: Gefühle. Die Sprache des Selbst. Stuttgart 2013a. (Grundängste, konkrete Gefühle wie Neid, Missgunst, Eifersucht, Gier)
Ders.: Schein oder Sein. Der Schlüssel zu unserem Selbst. Stuttgart 2013b. (Polarität, Sinn)

Folgende Bücher waren mir wichtige Inspiration und Ratgeber für dieses Buch:
Dobelli, Rolf: Die Kunst des klugen Handelns: 52 Irrwege, die Sie besser anderen überlassen. München 2012.
Lyubomirsky, Sonja: Glücklich sein. Warum Sie es in der Hand haben, zufrieden zu leben. Frankfurt 2013.
Yalom, Irvin: In die Sonne schauen: Wie man die Angst vor dem Tod überwindet. München 2010.

Folgende Artikel und Bücher wurden zitiert:
Bürgel, Ilona: Aufmerksam leben bringt Zufriedenheit. Wieso es glücklich macht, dankbar zu sein. www.focus.de/gesundheit/ratgeber/gastkolumnen/buergel/aufmerksam-leben-macht-gluecklich-neun-effekte-der-dankbarkeit_aid_1137814.html, 22.11.2013
Germis, Carsten: Der Staat schlägt Alarm. Junge Japaner scheuen Ehe und Kinder. www.faz.net/aktuell/wirtschaft/der-staat-schlaegt-alarm-junge-japaner-scheuen-ehe-und-kinder-11514042.html, 1.11.2011
Holmes, Thomas/Rahe, Richard (1967): The Social Readjustment Rating Scale. Journal of Psychosomatic Research, 11 (2): 21 3–8
Hornig, Markus: Druck und Lampenfieber. Wie Sie mentale Stolpersteine erfolgreich umgehen. www.focus.de/gesundheit/ratgeber/gastkolumnen/hornig/druck-und-lampenfieber-wie-sie-mentale-stolpersteine-erfolgreich-umgehen_aid_1133317.html, 19.10.2013
Huber, Alexander: Die Angst, dein bester Freund. Salzburg 2013.
Jonasson, Jonas: Der Hundertjährige, der aus dem Fenster stieg und verschwand. München 2011.

Neubauer, Katrin: Risiko für Depressionen: Stress in der Schwangerschaft hinterlässt Spuren im Baby-Hirn. www.spiegel.de/gesundheit/ schwangerschaft/stress-in-der-schwangerschaft-hinterlaesst-spuren-im-gehirn-a-928555.html, 18.10.2013

Saur, Michael: Interview mit George Vaillant: Der weite Weg zum Glück. http://sz-magazin.sueddeutsche.de/texte/anzeigen/39739, 30.3.2013

Anmerkungen

1. (Lyubomirsky 2013)
2. (Bergner 2013a)
3. (Lyubomirsky 2013)
4. (Holmes, Rahe 1967)
5. (Germis 2011)
6. (nach Bergner 2013a und 2013b)
7. (Bergner 2013b)
8. (Neubauer 2013)
9. (Dobelli 2012)
10. (Bergner 2005, Bergner 2013a)
11. (Huber 2013)
12. (Hornig 2013)
13. (Lyubomirsky 2013)
14. (Yalom 2010)
15. (Jonasson 2011)
16. (Bergner 2013a)
17. (Bergner 2013a)
18. (Bergner 2009)
19. (Bürgel 2013)
20. (Lyubomirsky 2013)
21. (Dobelli 2012)
22. (Lyubomirsky 2013)
23. (nach Bergner 2013a)
24. (Bergner 2010)
25. (Bergner 2013b)
26. (frei nach Yalom 2010)

Stephan Peeck
Woher kommt die Kraft zur Veränderung?
Neue Wege zur Persönlichkeitsentwicklung
312 Seiten, Klappenbroschur
ISBN 978-3-8319-0222-4

„Eigentlich wollte, sollte, müsste ich ..." – „Ab morgen werde ich ...", und dann bleibt doch wieder alles beim Alten. Sich und ihr Leben verändern, das wollen viele Menschen. Doch woher bekommen wir die Kraft dazu, es auch wirklich zu tun? Stephan Peeck stellt konkrete und lebensnahe Methoden vor, mit denen sich die wichtigsten inneren Kraftquellen zur persönlichen Weiterentwicklung erschließen und typische Hindernisse auf diesem Weg überwinden lassen. Der erfahrene Therapeut schildert, wie es möglich ist, die eigene Charaktergrundstruktur zu erkennen, ihre positive Energie zu nutzen, und wie sich aus Träumen und Wertimaginationen starke Lebensenergie schöpfen lässt. Im Hintergrund steht das Werk Viktor E. Frankls, in dem Freiheit, Verantwortlichkeit, Sinn und Werte eine zentrale Rolle spielen. „Woher kommt die Kraft zur Veränderung?" ist eine Anleitung, verborgene Motivationskräfte neu zu entdecken und die eigenen Potenziale zu erkennen und auszuschöpfen. Praxiserprobte Hilfen, sich selbst wertzuschätzen und zu behaupten, werden genauso anschaulich dargestellt wie Wege zu einem gelingenden Miteinander und einem sinnerfüllten Leben. Das Buch wendet sich sowohl an Menschen, die an sich selbst arbeiten und sich weiterentwickeln möchten, als auch an jene, die anderen therapeutisch zur Seite stehen.

Stephan Peeck, geb. 1955, studierte evangelische Theologie und erlernte anschließend die Logotherapie (V. E. Frankl) bei Dr. Uwe Böschemeyer. Er ist Inhaber des Europäischen Zertifikates für Psychotherapie (ECP) und arbeitet seit 1987 als Logotherapeut. Er ist Leiter des Instituts für Logotherapie und Existenzanalyse Hamburg-Bergedorf, sowie Buch- und Rundfunkautor. Neben seiner therapeutischen Tätigkeit hält er auch Vorträge und Seminare.

Uwe Böschemeyer
Begeisterung fürs Leben
Die Kraft deiner Gedanken
160 Seiten, Klappenbroschur
ISBN 978-3-8319-0529-4

Wir „sehen" nur wenig von dem, was die Gedanken in uns und anderen bewegen. Dabei sind Gedanken eine Großmacht. Sie nehmen Einfluss auf unsere Gefühle, unsere Entscheidungen und unser Handeln.
Sich selbst kennen und in schlechten wie in guten Zeiten selbstsicher bejahen, auch allein glücklich sein können, den Sinn im eigenen Leben erkennen und andere Menschen vorurteilsfrei annehmen – der Schlüssel dazu liegt allein in uns und unserer Einstellung. Das Leben ist und bleibt polar, es wird stets Höhen und Tiefen geben, aber die entscheidende Frage ist die des Umgangs mit ihnen.
Uwe Böschemeyer gibt in seinen in diesem Buch versammelten Texten „Die Kraft deiner Gedanken", „Sinn für mein Leben finden", „Sich selbst bejahen", „Die Sprache der Träume", „Die Kunst, miteinander sprechen zu können" und „Allein leben" wertvolle Anregungen, die uns in den verschiedensten Lebensbereichen befähigen, so gut wie möglich mit unseren Gedanken umzugehen, negative in positive zu verwandeln und damit den Sinn in unserem Leben zu erkennen. Er ermutigt einen jeden, sich den Fragen des Lebens zu stellen, um wieder Raum für eigene Entscheidungen, für neue Begeisterung zu gewinnen – fundierter Rat zum Glücklichsein.

Prof. Dr. Uwe Böschemeyer studierte evangelische Theologie und widmete sich Studien der Psychologie und Philosophie. Er war Schüler Viktor E. Frankls, besitzt das Europäische Zertifikat für Psychotherapie und ist Gründer des „Hamburger Instituts für Existenzanalyse und Logotherapie". 2006 wurde er zum Rektor der Europäischen Akademie für Wertorientierte Persönlichkeitsbildung in Salzburg ernannt, 2007 in die österreichische Psychotherapeutenliste aufgenommen. Er lehrt an der Viktor Frankl Hochschule in Klagenfurt. Schwerpunkte seiner Arbeit sind neben der „Existenzanalytischen Logotherapie" die von ihm begründete „Wertorientierte Persönlichkeitsbildung" sowie die „Wertorientierte Imagination".

Alexandra Bischoff
Ich wünsche mir Gelassenheit
Ein Balancierkurs für die Seele
160 Seiten, Klappenbroschur
ISBN 978-3-8319-0511-9

„Das Lächeln, das du aussendest, kehrt zu dir zurück." Dieser Sinnspruch ist allgemein bekannt. Aber wie kann man ihn auch dann noch beherzigen, wenn man sich beispielsweise gerade ungerecht behandelt fühlt?
Alexandra Bischoffs Balancierkurs für die Seele setzt genau dort an. Indem wir unseren Umgang mit alltäglichen Unannehmlichkeiten verbessern, werden wir weniger angreifbar, bekommen eine positivere Ausstrahlung, gehen entspannter mit schwierigen Situationen um und reduzieren so den oft selbst kultivierten Stress. Es gilt, sich auf der Wippe des Lebens immer wieder neu ins Gleichgewicht zu bringen, nicht steif in der Mitte zu stehen, sondern flexibel äußere Impulse auszugleichen.
Das Buch ist ein alltagsorientierter, psychologisch fundierter Ratgeber zur Selbststärkung. Die erläuternden Texte werden abwechslungsreich ergänzt durch Anregungen zur Selbstreflexion und Anleitungen für Entspannungsübungen. Am Ende des Buches werden Sie um das wertvolle Wissen reicher sein, wie man trotz alltäglicher Widrigkeiten sein inneres Gleichgewicht wiederherstellen kann.

Alexandra Bischoff, geb. 1964, ist promovierte Diplom-Soziologin und arbeitet bei der Landeshauptstadt München. Unter dem Namen „Balance – Dr. Alexandra Bischoff" ist sie außerdem als Systemischer Coach und als Trainerin für Themen der Persönlichkeitsentfaltung tätig. Selbststärkung und Entspannung sind ihr dabei besonders wichtig. Sie lebt mit ihrer Familie in München.

Winfried Engelmann
Besser und länger leben
Gesundheitsrisiken erkennen, richtig vorsorgen und positiv denken
320 Seiten, Klappenbroschur
978-3-8319-0556-0

- Welche Faktoren bestimmen die Länge unseres Lebens?
- Was kann man selbst für ein längeres und angenehmes Leben tun?
- Wie schützt man sich vor den bedrohlichsten und häufigsten Krankheiten?
- Welchen Einfluss hat die Ernährung auf Sie?
- Wo lauern die Gefahren im Geschäft mit der Gesundheit?

Anerkannte Experten aus Wissenschaft und Forschung liefern Ihnen unverzichtbare, wertvolle und teils verblüffende Tipps und Anregungen. Und sie geben Antworten auf so wichtige Fragen wie:

- Woran sollten Sie vor Operationen unbedingt denken?
- Warum können sogar Gesunde an Vitamintabletten sterben?
- Welche wichtigen Vollmachten sollten Sie für den Notfall parat haben?
- Wie setzen Sie am besten Ihre Patientenrechte durch?

Sie werden auch mit diesem Ratgeber nicht ewig leben. Aber Sie haben die Chance, besser und länger zu leben. Nehmen Sie sie wahr.

Das Vorwort hat der Präsident der Bürger Initiative Gesundheit e. V. Wolfram-Arnim Candidus verfasst, die Einleitung „Gesundheit ist keine Ware" stammt von Reinhard Laszig, niedergelassener Urologe und Belegarzt.

Winfried Engelmann ist 1946 in Wiesbaden geboren und dort aufgewachsen. Sein Studium hat er in Darmstadt als Diplom-Ingenieur abgeschlossen. Er hat sich intensiv damit beschäftigt, wie man bei guter Lebensqualität die Lebenszeit verlängern könnte. Seine vielseitigen Erkenntnisse sind in diesem Buch zusammengefasst.

Stefanie Stahl/Melanie Alt
**So bin ich eben!
Erkenne dich selbst
und andere**
272 Seiten, Klappenbroschur
ISBN 978-3-8319-0200-2

Stellen Sie sich vor, Sie könnten mit einem Fahrstuhl in Ihr Unbewusstes hinabfahren und sich dort mal in aller Ruhe in der „Schaltzentrale" umgucken und jene Mechanismen betrachten, die Ihr Handeln, Ihr Denken und Fühlen, Ihre Wahrnehmung und Ihre Entscheidungen bestimmen. Stellen Sie sich weiterhin vor, dass Sie hierbei nicht nur etwas über Ihre persönlichen Mechanismen und Muster erfahren, sondern auch einen Kurs belegen mit dem Titel „Wie tickt der Mensch?" Zudem bekommen Sie eine persönliche Gebrauchsanweisung sowie eine Gebrauchsanweisung für Ihre Mitmenschen. Schön wär's, aber leider unmöglich? Die Charakteranalyse nach C.G. Jung und Myers Briggs gibt faszinierende und neue Einblicke in die menschliche Persönlichkeit. Dabei ist sie weltweit die anerkannteste Methode zur Bestimmung von individuellen Persönlichkeitsprofilen. Endlich kann auch der deutsche Leser von ihrem enormen praktischen Nutzen und ihren weitreichenden Erkenntnissen profitieren.

Das Extra für den ungeduldigen Leser: Ein Buch, das man auch von hinten lesen kann – der Test auf den letzten Seiten verrät: So bin ich eben!

„Was die Lektüre so vergnüglich macht, ist die Gebrauchsanweisung für die 16 Typen. Kleine Kniffe erzielen oft große Wirkung: ... So gesehen ist die Typenlehre ein Energiesparmodell."
Frankfurter Allgemeine Zeitung

Stefanie Stahl, Jahrgang 1963, und *Melanie Alt*, Jahrgang 1974, sind Diplom-Psychologinnen und arbeiten als Psychotherapeutinnen in eigener Praxis in Trier.

Stefanie Stahl
**Leben kann auch einfach sein!
So stärken Sie Ihr
Selbstwertgefühl**
240 Seiten, Klappenbroschur
ISBN 978-3-8319-0443-3

„Selbstwertgefühl? Davon könnte ich mehr gebrauchen!" Wem ist dieser Gedanke nicht schon mal durch den Kopf gegangen. Wir alle haben sie zwar, die Stärken und Schwächen, Fehler und Talente. Die Frage lautet nur: Wie gehen wir mit ihnen um? Während manche Menschen eine gute Meinung von sich haben, sich mit ihren Mitmenschen auf einer Augenhöhe fühlen und „bewusst SIE selbst sind", leiden andere unter den Begleiterscheinungen eines geringen Selbstwertgefühls: eine Neigung zu Harmoniesucht oder Perfektionismus, Schwierigkeiten beim Treffen von Entscheidungen, das Gefühl, vom Partner missverstanden oder von den Mitmenschen permanent beobachtet zu werden. Sie erkennen sich wieder? Dann finden Sie sich nicht damit ab! Verabschieden Sie sich von der Vorstellung, Unsicherheit sei eine unabänderliche Eigenschaft. Stefanie Stahl weist auf Ursachen und Konsequenzen hin und verrät eine Vielzahl erstaunlich einfacher Strategien, wie man aus der eigenen Unsicherheit ausbrechen kann.

Stefanie Stahl arbeitet als Psychotherapeutin in eigener Praxis in Trier und hält Seminare im deutschsprachigen Raum. Im Ellert & Richter Verlag hat sie bereits die erfolgreichen Titel „So bin ich eben! Erkenne dich selbst und andere", „Jein! Bindungsängste erkennen und bewältigen – Hilfe für Betroffene und deren Partner" sowie „Vom Jein zum Ja! Bindungsängste verstehen und lösen" veröffentlicht.

Impressum

Bibliografische Information der Deutschen Nationalbibliothek

Die Deutsche Nationalbibliothek verzeichnet diese Publikation in der Deutschen Nationalbibliografie; detaillierte bibliografische Daten sind im Internet über http://dnb.d-nb.de abrufbar.

ISBN 978-3-8319-0577-5

© Ellert & Richter Verlag GmbH, Hamburg 2014

Dieses Werk einschließlich aller seiner Teile ist urheberrechtlich geschützt. Jede Verwertung außerhalb der engen Grenzen des Urheberrechtsgesetzes ist ohne Zustimmung des Verlages unzulässig und strafbar. Dies gilt insbesondere für Vervielfältigungen, Übersetzungen, Mikroverfilmungen und die Einspeicherung und Verarbeitung in elektronischen Systemen.

Text: Dr. Thomas Bergner
Lektorat: Carola Kleinschmidt, Hamburg
Titelfoto: Fotolia, Montage
Gestaltung: BrücknerAping Büro für Gestaltung GbR, Bremen
Gesamtherstellung: CPI books GmbH, Leck

www.ellert-richter.de